연세 한국어

활용연습 5-2

연세대학교 한국어학당 편

연세대학교 대학출판문화원

연세 한국어
활용연습 5-2

편저자 연세대학교 한국어학당 교재편찬위원회
집필진 곽지영 · 김희정 · 서명숙 · 이지연 · 선은희
펴낸곳 연세대학교 대학출판문화원

주소 서울시 서대문구 연세로 50
전화 2123-3380~2
팩스 2123-8673
e-mail : ysup@yonsei.ac.kr
http://www.yonsei.ac.kr/press
등록 1955년 10월 13일 제9-60호
인쇄 화신문화 주식회사
삽화 디투웍스
녹음 MS미디어
성우 윤미나 · 전광주

2013년 3월 5일 1판 1쇄 2021년 6월 18일 1판 5쇄
ISBN 978-89-6850-014-5(08710)
ISBN 978-89-6850-012-1(세트)

값 **15,000**원(CD포함)

일러두기

- '연세 한국어 활용연습 5'는 고급용 한국어 교재인'연세 한국어 5'를 보다 효율적으로 학습해 나갈 수 있도록 하기 위해 개발되었다.

- '연세 한국어 활용연습 5'는 총 10과로 이루어져 있으며, 각 과는 3개의 항으로 구성되어 있다.

- 각 과의 1항과 2항은 어휘, 문법 연습으로 구성되어 교재에 나온 본문 새 어휘와 주제 관련 어휘, 그리고 문법을 충분히 연습할 수 있도록 되어 있다. 어휘 및 문법 연습은 기계적인 방식을 지양하고 가능한 한 유의미한 맥락이나 담화 상황 내에서 연습이 이루어질 수 있도록 구성하였다.

- 3항은 주제 관련 통합 과제 형태의 연습 2개로 구성되어 있다. 각각의 연습은 듣기나 읽기 텍스트를 이해하는 활동으로 시작하여 말하기나 쓰기를 통한 표현 활동으로 마무리하도록 구성되어 있다.

- 각 과가 끝날 때마다 고급에 적절한 속담, 관용어, 한자성어를 뜻풀이, 예문, 연습 문제와 함께 제시하였다.

- 다섯 과가 끝날 때마다 어휘와 문법의 총 복습문제를 넣어 배운 내용을 정리할 수 있도록 하였다.

- 학생들의 이해를 돕고자 어휘, 문법 각 연습 문제의 1번에는 답을 써 주어 보기와 같은 역할을 할 수 있도록 하였다.

- 책의 뒷부분에는 3항 듣기 연습의 지문과 각 연습문제의 모범 답안을 실어 학생들이 스스로 답을 확인하고 공부하는 데 도움이 되도록 하였다.

- 마지막에는 듣기와 읽기 지문의 출처를 밝혔다.

- 듣기 지문이 녹음된 CD를 첨부하였다.

연세 한국어

활용연습 5-2

연세대학교 한국어학당 편

연세대학교 대학출판문화원

연세 한국어
활용연습 5-2

편저자 연세대학교 한국어학당 교재편찬위원회
집필진 곽지영 · 김희정 · 서명숙 · 이지연 · 선은희
펴낸곳 연세대학교 대학출판문화원

주소 서울시 서대문구 연세로 50
전화 2123-3380~2
팩스 2123-8673
e-mail : ysup@yonsei.ac.kr
http://www.yonsei.ac.kr/press
등록 1955년 10월 13일 제9-60호
인쇄 화신문화 주식회사
삽화 디투웍스
녹음 MS미디어
성우 윤미나 · 전광주

2013년 3월 5일 1판 1쇄 2021년 6월 18일 1판 5쇄
ISBN 978-89-6850-014-5(08710)
ISBN 978-89-6850-012-1(세트)

값 15,000원(CD포함)

일러두기

- '연세 한국어 활용연습 5'는 고급용 한국어 교재인'연세 한국어 5'를 보다 효율적으로 학습해 나갈 수 있도록 하기 위해 개발되었다.
- '연세 한국어 활용연습 5'는 총 10과로 이루어져 있으며, 각 과는 3개의 항으로 구성되어 있다.
- 각 과의 1항과 2항은 어휘, 문법 연습으로 구성되어 교재에 나온 본문 새 어휘와 주제 관련 어휘, 그리고 문법을 충분히 연습할 수 있도록 되어 있다. 어휘 및 문법 연습은 기계적인 방식을 지양하고 가능한 한 유의미한 맥락이나 담화 상황 내에서 연습이 이루어질 수 있도록 구성하였다.
- 3항은 주제 관련 통합 과제 형태의 연습 2개로 구성되어 있다. 각각의 연습은 듣기나 읽기 텍스트를 이해하는 활동으로 시작하여 말하기나 쓰기를 통한 표현 활동으로 마무리하도록 구성되어 있다.
- 각 과가 끝날 때마다 고급에 적절한 속담, 관용어, 한자성어를 뜻풀이, 예문, 연습 문제와 함께 제시하였다.
- 다섯 과가 끝날 때마다 어휘와 문법의 총 복습문제를 넣어 배운 내용을 정리할 수 있도록 하였다.
- 학생들의 이해를 돕고자 어휘, 문법 각 연습 문제의 1번에는 답을 써 주어 보기와 같은 역할을 할 수 있도록 하였다.
- 책의 뒷부분에는 3항 듣기 연습의 지문과 각 연습문제의 모범 답안을 실어 학생들이 스스로 답을 확인하고 공부하는 데 도움이 되도록 하였다.
- 마지막에는 듣기와 읽기 지문의 출처를 밝혔다.
- 듣기 지문이 녹음된 CD를 첨부하였다.

차례

5-1

5-2

제 6 과 대중문화와 예술

6과 1항

어휘

1. 다음 [보기]에서 알맞은 단어를 골라 빈 칸에 쓰십시오.

[보기]	자리 잡다	눈길을 끌다	흥미롭다	넘나들다	색다르다
	다루다	생명력	지니다	장르	기획

가 : 언제봐도 김연세 감독은 참 대단해. 이제는 코미디, 판타지만이 아니라 공포물까지 다양한 (장르)의 영화를 만들어 성공시키고 있잖아. 대단한 능력을 ( )고 있어.

나 : 맞아, 이제 김연세 감독은 충무로에서 중견감독으로( )었다고/았다고/였다고 할 수 있지.

가 : 이 영화의 ( ) 의도는 뭘까? 입양 문제를 ( )고 있으니만큼 우리 사회의 입양 문제를 생각해 보자는 게 아닐까?

나 : 그런 심각한 문제를 지금까지와는 다른 ( )는/은/ㄴ 방식으로 접근한 감독의 능력이 정말 돋보여. 나는 주인공이 자신의 출생의 비밀을 풀어가는 과정이 아주 ( )던데. 너는 어떤 장면이 기억에 남아?

가 : 나는 노을이 지는 바닷가를 배경으로 한 포스터가 ( )어서/아서/여서 보게 됐는데, 여자 주인공이 교통사고를 당한 후 생사를 ( )던 장면이 인상적이었어. 그리고 ( ) 넘치는 주인공의 모습도 인상적이었고.

2. 다음 [보기]에서 알맞은 단어를 골라 빈 칸에 쓰십시오.

[보기]	각색	제작	방송	연출	시청자	관객	청중
	공연	상연	감독		방청객	독자	

❶ 지금 인기리에 (상연)되고 있는 그 연극은 유명한 소설을 ( )한 것이다. 소설로 나왔을 때 ( )들로부터 좋은 반응을 얻었는데, 연극 역시 ( )들로부터 호평을 받았다.

❷ 요즘 (　　　　)되고 있는 오락 프로그램은 방송국 홈페이지를 통해 (　　　　)들의 아이디어를 공모하고 있다. 뿐만 아니라 방송국에 직접 보러 온 (　　　　)들을 프로그램 (　　　　) 과정에 참여시키고 있다.

❸ 지금까지 해 오던 해석과 다르게 현대적으로 (　　　　)된 그 오페라는 비평가들로부터 혹평을 받았다. 반면 (　　　　)들의 반응은 매우 좋아서 (　　　　)은/는 연일 매진됐다.

❹ 그 영화 (　　　　)은/는 항상 사회성이 짙은 작품을 만들어 왔다.

문법

–는다고도 할 수 있다

3. 다음 [보기]에서 알맞은 표현을 골라 '–는다고도 할 수 있다'를 사용해 문장을 완성하십시오.

[보기]	
사회 개혁에 대한 열망을 보여주다	안정형이다
사회에 대한 풍자 때문이다	냉정형이다
탄탄한 이야기 전개 때문이다	지난 정권에 대한 국민들의 불신을 보여주다

• 야당 후보가 대통령으로 당선된 것은 ❶ 지난 정권에 대한 국민들의 불신을 보여준다고도 ~~는다고도/ㄴ다고도/다고도~~ 할 수 있고, ❷ ______ 는다고도/ㄴ다고도/다고도 할 수 있다.

• 신중하고 침착하며 감정에 흔들리지 않는 사람의 성격 유형은 ❸ ______ 는다고/ㄴ다고도/다고도 할 수 있고, ❹ ______ 는다고/ㄴ다고도/다고도 할 수 있다.

• 판소리를 개작한 그 뮤지컬이 인기를 끄는 이유는 ❺ ______ 는다고/ㄴ다고도/다고도 할 수 있고, ❻ ______ 는다고/ㄴ다고도/다고도 할 수 있다.

4. 관계있는 것을 연결하고 '–는다고도 할 수 있다'를 사용해 문장을 완성하십시오.

그 최고 경영자 •		• 카리스마가 넘치다
		• 생활이 편리해졌다
인터넷 뱅킹 •		• 시기를 놓친 잘못된 경제 정책에서 비롯됐다
		• 독재적인 성향이 강하다
현재의 경제 위기 •		• 국제 금융 환경의 악화 때문이다
		• 해킹으로 인한 피해가 우려되다

- 그 최고 경영자는 ❶ 카리스마가 넘친다고도 할 수 있고 ,
  ❷ ________ .
- 인터넷 뱅킹으로 인해 ❸ ________ 지만
  ❹ ________ .
- 현재의 경제 위기는 ❺ ________ 고,
  ❻ ________ .

–는 듯싶다

5. 다음 [보기]에서 알맞은 표현을 골라 '–는 듯싶다'를 사용해 대화를 완성하십시오.

[보기]
요즘 작가들은 독자에게 다가서기 위해 많이 노력하다 / 온난화의 영향이다
개그맨을 해도 되다 / 골프가 대중화되다
이제 세계 선수권 대회에서도 충분히 입상할 수 있다 / 상태가 안 좋다

❶ 가 : 요즘은 가을에도 날씨가 참 더워요.
나 : 아무래도 온난화의 영향인 ~~을/ㄹ/는/은/ㄴ~~ 듯싶어요.

❷ 가 : 그 선수가 경기하는 모습 보셨어요? 이젠 정말 잘 하지요?
나 : ________ 을/ㄹ/는/은/ㄴ 듯싶어요.

❸ 가 : 그 사람은 유머 감각이 정말 뛰어나요.
나 : 제 생각에는 ________ 을/ㄹ/는/은/ㄴ 듯싶어요.

④ 가 : 병원에 갔다 왔다면서? 김 교수님은 좀 어떠셔?
나 : 중환자실에 계셔서 뵙지도 못했어. ______________ 을/ㄹ/는/은/ㄴ 듯싶어.

⑤ 가 : 요즘엔 정말 골프 치는 사람이 많아졌어요.
나 : ______________.

⑥ 가: 얼마 전에 유명한 작가들이 독자들 앞에서 소설과 시를 낭독하는 모임을 가졌다고 해요.
나 : ______________.

6. '-는 듯싶다'를 사용해 문장을 완성하십시오.

① 그 사람은 이혼하고 나서 심한 우울증에 걸렸다고 해요. 이혼의 충격이 큰 ~~을/ㄹ/는/은/ㄴ~~ 듯싶어요.

② 그 대통령 후보가 지지율이 높대요. 아무래도 그 후보가 ______________ 을/ㄹ/는/은/ㄴ 듯싶어요.

③ 요 며칠 김 대리 얼굴이 안 보이네요. ______________ 을/ㄹ/는/은/ㄴ 듯싶어요.

④ 그 사람이 나를 바라보는 눈길이 예사롭지 않아요. ______________ 을/ㄹ/는/은/ㄴ 듯싶어요.

⑤ 두 사람이 서로 양보를 하지 않더니 결국 말다툼을 하고 말았어요. 두 사람 모두 ______________ 을/ㄹ/는/은/ㄴ 듯싶어요.

⑥ 국민 참여 재판 제도가 실시되고 있는데, 배심원으로 뽑힌 사람들이 재판 참석을 꺼린다고 해요. ______________ 을/ㄹ/는/은/ㄴ 듯싶어요.

6과 2항

어휘

1. 다음 [보기]에서 알맞은 단어를 골라 빈 칸에 쓰십시오.

[보기]	태평무	곡선미	어우러지다	여백	들썩거리다	신명나다
	역동적이다	개량	다가서다	대중화	보존하다	

❶ (　태평무　)은/는 그 해의 풍년을 축복하고 나라의 태평성대를 기원할 때 춘 춤으로 기교와 절도, 격식이 있는 춤이다.

❷ 말들이 달리는 모습을 그린 그 그림은 매우 (　　　　)어요/아요/여요.

❸ 그 그림은 여러 가지 색채가 잘 (　　　　)어서/아서/여서 독특한 아름다움을 만들어 냈다.

❹ 사물놀이 공연을 보다 보니 어깨가 저절로 (　　　　)었다/았다/였다.

❺ 조상들로부터 물려받은 유산을 잘 (　　　　)어서/아서/여서 물려 줘야 한다.

❻ 대통령이 국민에게 (　　　　)기 위해 '국민과의 대화'라는 TV프로그램에 출연했다.

❼ 농산물 생산량을 늘리기 위해 품종 (　　　　)을/를 한다.

❽ 한때는 부유층만이 즐기던 스키도 이제는 (　　　　)돼서 많은 사람들이 즐긴다.

❾ 화폭을 물감으로 빈틈없이 채우기보다 (　　　　)으로/로 그냥 남겨두는 그림이 좋아요.

❿ 마당놀이극을 봤는데, (　　　　)는/은/ㄴ 음악과 날카로운 현실 풍자가 한데 어울려 아주 흥겨웠다.

⓫ 고려청자는 아름다운 색깔과 (　　　　)으로/로 유명하다.

2. 다음 [보기]에서 알맞은 단어를 골라 쓰십시오.

[보기]	풍물	판소리	거문고	가야금	사물놀이	청자	서예
	산수화	풍속화	탈춤	승무	살풀이춤	화관무	

❶ 한국 고유의 현악기의 하나로 여섯 개의 줄이 있고 술대로 뜯어서 연주합니다. (　거문고　)

❷ 오색 구슬로 화려하게 장식한 화관을 쓰고 추는 춤입니다. (　　　　)

❸ 농악기인 꽹과리 · 징 · 장구 · 북으로 연주하는 음악입니다. 농악을 무대에서 공연하기 위해 개발하였고, 1978년에 한 연주 단체에 의하여 본격적으로 시작되었습니다. (　　　　)

❹ 도자기의 하나로 맑고 푸른색을 띱니다.(　　　　)

⑤ 한국 고유의 현악기의 하나로 열두 줄의 명주 줄을 손가락으로 뜯어 소리를 냅니다. (　　　)

⑥ 붓으로 조형미를 살려서 글씨를 쓰는 예술의 한 분야입니다. (　　　)

⑦ 흰 치마저고리에 가볍고 부드러운 흰 수건을 들고 추는 민속 무용의 하나입니다. '살'을 푼다는 의미를 가지고 있습니다. (　　　)

⑧ 자연의 풍경을 소재로 하여 그린 동양화로서 넓은 뜻으로는 풍경화라고 할 수 있습니다. (　　　)

⑨ 탈을 쓰고 추는 춤입니다. 가면무라고도 하지요. 현실 비판을 풍자와 웃음으로 보여줍니다. (　　　)

⑩ 이야기를 노래로 부르는 전통적인 한국의 민속악입니다. 대표적인 작품으로는 〈춘향전〉, 〈심청가〉, 〈흥부가〉 등이 있습니다. (　　　)

⑪ 그 시대의 각계각층의 생활 모습과 풍속 등을 주제로 하여 그린 그림입니다. 한국에서는 김홍도, 신윤복 등이 유명합니다. (　　　)

⑫ 불교적 색채를 가진 춤으로서 혼자 추는 춤입니다. 남색 치마에 흰 저고리와 장삼을 걸치고 머리에는 흰 고깔을, 어깨에는 붉은 가사를 입습니다. (　　　)

⑬ 농악에 쓰이는 꽹과리 · 소고 · 태평소 · 북 · 징 · 장구 등의 악기를 통틀어 이르는 말이기도 하고 농악을 가리키는 말이기도 합니다. (　　　)

[보기]				
	흥겹다	익살스럽다	동적이다	정적이다
	해학적이다	우아하다	수수하다	투박하다

❶ 사회 비판과 풍자로 웃음을 자아낸 그 마당놀이 공연은 매우 (해학적이었다)~~었다/았다/였다~~.

❷ 섬세하지 못한데다 너무 많이 덧칠을 한 그 그림은 (　　　　　)는/은/ㄴ 느낌을 줬다.

❸ 대통령 영부인은 고상하고 기품이 있는 한복을 입고 나와 그 모습이 매우 (　　　　　) 었다/았다/였다.

❹ 학교 축제에서 풍물패가 공연하자 사람들이 어우러져 (　　　　　)게 춤을 췄다.

❺ (　　　　　)는/은/ㄴ 분위기가 그리워서 새벽 이른 시간에 산사에 올랐다.

❻ 그 춤은 뛰거나 팔을 올리는 등 움직임이 많아서 매우 (　　　　　)는다/ㄴ다/다.

❼ 찰리 채플린을 흉내 낸 그 배우의 표정이 매우 (　　　　　)었다/았다/였다.

❽ 재벌 회장 부인답지 않게 (　　　　　)는/은/ㄴ 옷차림과 소박한 말투로 좌중의 눈길을 끌었다.

문법

-으니 어쩌니 해도/-이니 뭐니 해도

3. 관계 있는 것을 연결하고 누가 하는 말인지 찾아서 '-으니 어쩌니 해도'를 사용해 문장을 만드십시오.

❶ 정신적인 가치를 추구해야 하다 •	• 사랑이 제일 중요하다
❷ 타인을 배려해야 하다 •	• 환경을 보호해야 인류의 미래가 있다
❸ 돈을 차곡차곡 모으는 게 의미가 있다 •	• 나만 편하게 살면 그만이다
❹ 국가와 사회에 대한 책임감이 있어야 하다. •	• 돈이 최고다
❺ 결혼 상대자를 고를 때 조건이 중요하다 •	• 개인의 가치가 최우선적으로 존중되어야 하다
❻ 경제 성장을 위한 개발이다 •	• 인생은 한방이다

❶ 물질만능주의자 : 정신적인 가치를 추구해야 하니 어쩌니 해도 돈이 최고야.

❷ 사랑 지상주의자 : ______________________.

❸ 환경보호 운동가 : ______________________.

❹ 개인주의자 : ______________________.

❺ 한탕주의자 : ______________________.

❻ 이기주의자 : ______________________.

4. 다음 [보기]에서 알맞은 표현을 골라 대화를 완성하십시오.

[보기]			
	유치하다	출산 장려 정책을 펴다	군대 생활이 힘들다
	편리하다	미신이다	기름값이 비싸다

❶ 가 : 어떤 TV 프로그램을 즐겨 보세요?
나 : 유치하니 어쩌니 해도/~~이니 뭐니 해도~~ 저는 코미디 프로그램을 즐겨 봐요.

❷ 가 : 대학 입학시험을 보는 수험생에게 엿을 선물한다면서요?
나 : ______________ 으니 어쩌니 해도/이니 뭐니 해도 ______________.

❸ 가 : 이번에 제대하셨다면서요? 군대 생활이 어떠셨어요?
나 : ....으니 어쩌니 해도/이니 뭐니 해도 ....

❹ 가 : 인터넷 쇼핑몰을 이용하지 않고 백화점에 직접 가서 사시네요.
나 : ....

❺ 가 : 요즘 저출산이 심각한 사회 문제지요?
나 : ....

❻ 가 : 고유가에도 불구하고 '나홀로 차량'이 많아요.
나 : ....

-은들 -겠어요?

5. '-은들 -겠어요?'를 사용해 문장을 완성하십시오.

❶ 그 영화는 캐스팅이 아주 호화롭다. 하지만 영화 내용이 너무 엉망이다. 그러니 **유명한 배우가 나와도 흥행에 성공할 수 없을 것이다.**

→ 내용이 엉망인데 유명한 배우가 나온들 ~~은들/ㄴ들~~ 흥행에 성공하겠어?

❷ 경제를 살리기 위해서 정부가 대규모 공적 자금을 투여한다고 한다. 하지만 소비 심리가 꽁꽁 얼어붙어서 **대규모 공적 자금을 투여해도 경기가 살아나지 않을 것이다.**

→ 소비 심리가 꽁꽁 얼어붙었는데 .... 은들/ㄴ들 .... 겠어?

❸ 지난번에 세탁을 맡겼다가 옷이 줄어들어서 보상을 받았다. 하지만 아끼던 옷을 망쳐서 **보상을 받아도 마음이 풀리지 않는다.**

→ 아끼는 옷을 망쳤는데 .... 은들/ㄴ들 .... 겠어?

❹ 어제 핸드볼 시합이 있었다. 우리팀 실력이 월등했지만 심판 판정이 너무 불공정했다. 그러니 **실력이 월등해도 이길 수 없었다.**

→ 심판판정이 불공정한데 .... ?

YONSEI KOREAN WORKBOOK 5

⑤ 어제 종교인들이 시위에 나섰다. 탄압을 받으니 **종교인이라도 가만히 있을 수 없을 것이다.**

→ .... ?

⑥ 과학과 의학이 날로 발전하고 있으니 인간은 앞으로 더 행복해 질 거라고 생각하는 사람들이 많다. 하지만 과학과 의학의 발전에 따른 부작용 역시 많다. 그러니 **과학과 의학이 발전해도 인간이 더 행복해지지 않을 것이다.**

→ .... ?

6. '-은들 -겠어요?'를 사용해 대화를 완성하십시오.

❶ 가 : 여보, 우리 늦었지만 아이들을 생각해서 다시 합칩시다.

나 : 지금 다시 합친들 ~~은들/ㄴ들~~ 예전처럼 잘 살 수 있겠어요?

❷ 가 : 그 사람은 폐암에 걸리고 나서 담배를 끊었대요.

나 : .... 은들/ㄴ들 .... 겠어요?

❸ 가 : 지난번에 심하게 말실수를 했는데 사과하면 사이가 다시 좋아질까요?

나 : .... 은들/ㄴ들 .... 겠어요?

❹ 가 : 오늘 주가가 급락했어. 어제 주식을 팔걸 그랬어.

나 : .... ?

❺ 가 : 요즘 경기가 너무 나빠서 건설 회사들이 분양가를 인하한대.

나 : .... ?

❻ 가 : 저라도 가서 부탁해 볼까요?

나 : .... ?

6과 3항

읽고 말하기

※ 다음 글을 읽고 질문에 답하십시오.

최근 대중문화에서 어린이가 되고 싶어하는 어른들의 환상을 담은 문화 상품과 양식들이 유행하고 있다. 아이(Kid)와 어른(Adult)이 합성된 '키덜트(Kidult)'라는 신조어는 이삼십 대의 성인들이 어린 시절의 갖가지 경험을 여전히 잊지 못하고 그 경험들을 다시 소비하고자 하는 현상을 반영하는 것으로서 이미 영화, 소설, 패션, 애니메이션, 광고 등 전 소비문화 영역에서 키덜트 문화가 확산되고 있다.

키덜트 문화가 유행하는 이유는 무엇일까? 첫째, '좋았던 과거에의 향수'와 복고 문화의 유행이 한편에 자리 잡고 있다. '옛 것'이라고 하면 거의 전부 추억의 감동을 주며 아름답게 느껴진다. 또한 현대 사회에서 벌어지는 치열한 생존 경쟁은 어린 시절의 순수한 세계를 동경하게 만들며, 키덜트들은 이러한 문화를 즐기는 과정에서 일시적으로 동심으로 돌아감으로써 스트레스를 해소하게 되고 정신적 힘을 얻게 된다.

둘째, 키덜트 문화는 거꾸로 어린이들의 조기 성인화에 따른 현상이기도 하다. 특히 대중문화는 어린이들의 조기 성인화를 부추기는 장본인이다. 요즘 아이들은 컴퓨터를 포함한 다양한 대중 매체를 통해 과거 성인들이 어린 시절에 경험할 수 없었던 문화적 경험을 한다. 초등학교 고학년만 되면 자신의 홈페이지를 만들고 각종 게임을 즐기며 대중음악의 열광적인 팬이 되고 핸드폰과 팬시 상품을 통해 자신만의 문화적 성을 만든다. 말하자면 오늘날 아동은 소비대중문화의 중요한 소비자로 등장하기 시작했으며, 그들의 소비 욕구는 이제 어른들의 소비 욕구와 크게 다르지 않게 되었다.

키덜트 문화는 단지 다시 어린이가 되고 싶어하는 성인문화의 특정한 현상만을 가리키는 것은 아니다. 그것은 어른과 어린이 문화의 경계를 허물어버리고 어른과 어린이가 함께 즐길 수 있는 소비상품을 생산하는 기획된 문화를 말하기도 한다. 동화적 상상력을 상품화하는 새로운 시장이 개척된 것이다.

1. 키덜트 문화가 유행하는 이유가 아닌 것은 무엇입니까? (　　　)

❶ 과거에 대한 향수　　❷ 복고 문화의 유행

❸ 어린이들의 조기 성인화　　❹ 기획 문화의 확산

2. 키덜트 문화에 대한 설명으로 <u>맞지 않는</u> 것은 무엇입니까? (　　　)

❶ 전 소비문화 영역에서 확산되고 있다.

❷ 스트레스를 해소하고 정신적 힘을 얻게 해 준다.

❸ 아동과 성인의 소비욕구의 차이에서 비롯된다.

❹ 어른과 어린이가 함께 즐길 수 있는 소비상품을 생산한다.

3. 영화, 소설, 패션, 애니메이션, 광고 등에서 볼 수 있는 키덜트 문화에 대해 이야기해 봅시다.

듣고 쓰기

CD: 06

※ 다음은 라디오 대담 프로그램의 일부입니다. 듣고 질문에 답하십시오.

1. 두 사람은 무엇에 대해 이야기하고 있습니까? (　　　)

❶ 전통의 현대화　　❷ 전통의 고수

❸ 전통의 단절　　❹ 전통의 파괴

2. 들은 내용과 <u>다른</u> 것은 무엇입니까? (　　　)

❶ 국립국악원은 실험적 음악에 대해 부정적이다.

❷ 퓨전 국악도 전통 음악이 될 수 있다.

❸ 국악을 잘 모르는 사람도 퓨전 국악을 통해 전통 국악에 대한 이해를 높일 수 있다.

❹ 퓨전 국악과 전통 국악은 서로 도움을 주고받는 관계이다.

3. 여러분 나라에서 전통 예술을 현대화한 사례에 대해서 쓰십시오.

한자성어 1

1. 견물생심(見物生心)
실물을 보면 가지고 싶은 욕심이 생김.
- 견물생심이라고 무심코 서랍을 열었는데 안에 있는 돈을 보고 자기도 모르게 손이 갔대.

2. 과대망상(誇大妄想)
사실보다 과장하여 터무니없는 헛된 생각을 하는 증상.
- 어렸을 때 아무래도 내가 천재인 것 같다는 과대망상에 빠지곤 했어.

3. 금시초문(今時初聞)
바로 지금 처음으로 들음.
- 이 지역에 신도시가 조성된다니, 저는 금시초문입니다.

4. 동분서주(東奔西走)
사방으로 이리저리 몹시 바쁘게 돌아다님을 나타냄.
- 요즘 결혼과 유학을 앞두고 결혼식장 알아보랴 서류 보내랴 동분서주하고 있어요.

5. 무용지물(無用之物)
쓸모없는 물건이나 사람.
- 무인 주차 관리기가 잦은 고장과 이용률 저하로 무용지물이 되고 있다.

6. 무위도식(無爲徒食)
아무 하는 일 없이 헛되게 놀고먹음.
- 옆집 아저씨는 아내가 벌어다 주는 돈으로 무위도식하고 있다.

7. 반신반의(半信半疑)
얼마쯤 믿으면서도 한편으로는 의심함.
- 미선이는 그 영업사원의 말을 반신반의 하면서도 결국 물건을 사고 말았다.

8. 속수무책(束手無策)
손을 묶은 것처럼 어찌할 방책이 없어 꼼짝 못함.
- 가방을 빼앗아 오토바이를 타고 도망가는 남자를 속수무책으로 쳐다볼 수밖에 없었다.

9. 시기상조(時機尙早)
아직 때가 덜 되었다는 말.
- 우리나라의 형편 상 전면적인 농산물 시장 개방은 아직 시기상조다.

10. 심사숙고(深思熟考)
깊이 잘 생각함.
- 중요한 문제이니만큼 며칠만 여유를 주시면 심사숙고해서 결정을 내리겠습니다.

한자성어 연습 1

1. 지 연 : 이번 독감이 꽤 무서운가 봐. 사망자도 있다던데.

희 정 : 빨리 예방주사를 맞아야 할 텐데. 예전에 전 세계를 휩쓸었다는 독감 얘기 알지? 그런 일이 또 일어나지는 않겠지?

지 연 : 그때는 발병의 원인이 정확히 파악이 안 된 상태여서 ____________ 이었지만/였지만 이번엔 다르잖아. 백신도 있고 치료제도 있다잖아.

2. 은 희 : 다른 나라에서는 요즘 동성애를 법적으로 인정하려는 움직임이 일어나고 있대요.

명 숙 : 우리나라도 곧 그렇게 되지 않을까요?

은 희 : 그렇지만 우리의 현실로는 아직 ____________ 인/ㄴ 것 같은데.

3. 진 수 : 전 벌써 대학 졸업 후 3년 째 집에서 놀고 있어요.

민 호 : 그래요? 저하고 비슷하군요.

진 수 : 그럼, 그쪽도 ____________ 한 지 3년째라는 얘긴가요?

민 호 : 아니오, 전 아직 2년밖에 안 됐어요. 제가 좀 낫죠?

4. 박대리 : 김 대리가 입사동기들 중에 자기만한 실력을 가진 사람도 없고, 윗분들에게 신임을 얻었으니 다음 번 승진 1순위는 자기라고 하더라.

이대리 : 나 참, 완전히 ____________ 에 빠져 있구나. 정신 차리라고 그래라.

5. 언 니 : 오늘 심심한데 백화점에나 갈까?

동 생 : 지난달에 돈을 많이 써서 아무것도 못 사.

언 니 : 그럼, 가서 안 사고 구경만 하면 되지. 구경도 즐겁잖아.

동 생 : ____________ 이라고/라고 일단 보면 사고 싶어져서 안 돼. 아예 보지도 않는 편이 나아.

6. 동 생 : 바쁘다 바빠. 오늘은 거래처에도 가야 하고, 사장님한테 결재도 받아야 하고, 내일까지 보고서도 내야 하고…… 몸이 10개라도 모자라겠다.

언 니 : 그렇게 ____________ 하는 네가 오히려 부럽다. 어디 괜찮은 자리 있으면 하나 소개해줘.

7. 박과장 : 김 과장, 얘기 들었어? 내년에 해외영업부를 철수하기로 했대.

김과장 : 그게 무슨 말이야? 어디에서 들었어? 나는 ______________________ 이야/야.
헛소문 아니야? 아무 공고도 없이 갑자기 그런 일이 있겠어?

8. 희 정 : 요즘은 사전 사용하는 사람이 별로 없는 것 같아.

지 영 : 그래, 집에 있는 사전도 자리만 차지하고 ________________ 이/가 된 지 오래야.

희 정 : 하긴. 전자 사전도 있고 인터넷으로 찾아도 되고.

9. 아버지 : 와, 정말 경치가 좋구나.
네 말을 처음 들었을 때는 ________________ 했는데, 와 보니까 설악산 봄 경치도 아름답네. 가을만 아름다운 줄 알았는데.

아 들 : 그것 보세요. 여기 안 오셨으면 섭섭하실 뻔했죠?

10. 김과장 : 이 과장이 아침에 사직서를 냈대. 벌써 영국의 MBA 과정 합격 허가를 받은 상태라고 하데. 부럽긴 한데 이제 공부를 시작하기엔 좀 늦은 거 아닌가?

박과장 : 공부는 벌써 몇 년 전부터 뜻이 있었다더군. 이번에 밀어붙이지 않으면 앞으로 공부할 기회가 없을 것 같아서 ________________ 끝에 결정을 한 모양이야.

김과장 : 송별회 겸 한잔 하면서 얘기를 들어봐야겠네.

제 7 과 전통과 변화

7과 1항

어휘

1. 다음 [보기]에서 빈 칸에 공통으로 들어갈 단어를 골라 쓰십시오.

[보기]	(1인)가구	인정하다	저출산	(역)귀성	부정하다

❶ 1995년 164만 (가구)이었던/였던 1인(가구)은/는 2007년에는 330만 (가구) 으로/로 늘었다.
정부가 책정한 2009년 1인 (가구)의 최저생계비는 49만 845원이다.

❷ 내가 대한민국 국민이라는 사실은 ( )을/ㄹ 수 없는 사실이다.
무신론자들은 신의 존재를 ( )는다/ㄴ다/다.

❸ 요즘 경제적인 어려움으로 인해 ( ) 현상이 날로 심각해지고 있다고 합니다.
육아 환경이 좋아진다면 ( ) 문제는 어느 정도 해결될 수 있지 않을까요?

❹ 도전자는 이번 시합에서 자신의 패배를 ( )었다/았다/였다.
시어머니는 당신의 손자까지 낳은 나를 아직도 며느리로 ( )지 않고 있다.

❺ 추석 ( )표가 발매 2시간 만에 매진되었다.
징검다리 연휴를 앞두고 일찍 ( )하려는 차량이 늘면서 고속도로 일부 구간에서 지체 현상이 빚어지고 있습니다.

2. 다음 [보기]에서 알맞은 단어를 골라 쓰십시오.

[보기]				
주민등록 관련 :	세대	세대주	세대원	동거인
가족 형태 :	핵가족	1인가족	노인가족	
	비동거가족	편부모가족	대안가족	

〈주민등록 관련〉

❶ 현실적으로 주거 및 생계를 같이하는 사람의 집단 (세대)

❷ 한 세대의 대표가 되는 사람 ( )

❸ 주민등록표상 세대원이나 세대주의 직계 및 방계가족이 아닌 사람 (　　　)

❹ 한 세대를 구성하는 사람들 (　　　)

〈가족 형태〉

❶ 취직한 이후로 쭉 혼자 살고 있어요. (1인 가족)

❷ 뜻이 맞는 사람들과 공동체 생활을 하며 버려진 아이들도 같이 키워요. (　　　)

❸ 우리 엄마는 싱가포르에서 해외 주재원으로 일하고 계시고 아빠는 한국에, 저는 캐나다에서 유학중이에요. (　　　)

❹ 우리 식구는 아내, 저, 딸 이렇게 셋이에요. (　　　)

❺ 남편과 사별한 후 아이들을 혼자 키우고 있어요. (　　　)

❻ 아이들은 모두 장성하여 분가하였고 우리 부부만 호젓하게 삽니다. (　　　)

[보기]	도시화	산업화	고령화 사회	고학력 현상	남녀평등
	맞벌이	여성의 사회진출	이혼율 증가	가정폭력	가족해체

지난 시간에는 여성들의 전통적 생활모습에 대해 살펴봤습니다. 이번 시간에는 현대 여성들의 변화된 모습에 대해서 이야기해 보도록 하지요. 20세기 들어 (도시화), (　　　) 이/가 심화되어 가면서 가부장제적인 대가족의 형태는 핵가족화하게 됩니다. 이는 여성들의 삶에 큰 변화를 가져왔고 여성들이 교육을 받을 기회를 더 많이 갖게 됨에 따라 남성과 여성은 다르지 않다는 (　　　)사상이 널리 퍼지게 됩니다. 교육을 받은 여성들은 사회로 적극적으로 진출하게 되었고 결혼한 후에도 직장을 그만두지 않고 (　　　)을/를 하는 여성들이 많아지게 됐습니다. 이러한 (　　　) 확대는 출산과 육아에 소극적인 양상을 가져오게 되었고 이는 저출산 사회, 더 나아가 (　　　)으로/로 이어지게 됩니다. 또한 여성의 (　　　)으로/로 인해 여성은 경제력을 지니게 되었고 더 이상 생계를 남성에게 의존하지 않게 되어 미혼 여성도 많아지고 (　　　) 현상도 가져왔습니다. 예전에는 (　　　) 등으로 어쩔 수 없이 이혼을 선택하던 여성들이 본인의 의지로 이혼을 선택하는 사회가 된 것이지요. 이에 대해 여성의 해방으로 보는 시각도 있지만 (　　　)을/를 부추긴다는 부정적인 시각도 존재합니다.

문법

-는다기보다는

3. 다음 표를 보고 대화를 완성하십시오.

다른 사람의 판단	나의 판단
❶ 긴장했다	부담이 많이 됐다
❷ 육체적으로 힘들었다	정신적으로 힘들었다
❸ 스포츠 경기를 보다	마치 한편의 예술 작품을 보는 듯하다
❹ 특별한 비결이 있다	그동안 연습해 온 모든 기량을 보이려 노력하는 것뿐이다
❺ 음악에 대한 감수성이 천부적으로 뛰어나다	내가 느낀 음악을 내 연기 속에 녹여내어 최대한으로 표현하고자 할 뿐이다
❻ 좋아하다	내 운명처럼 느끼고 있다

기 자 : 오늘은 올해 세계 선수권 대회에서 우승을 하신 피겨스케이팅 선수 '김연아' 양을 만나보도록 하겠습니다. 안녕하세요? 우승을 진심으로 축하드립니다. 대회 첫날 많이 긴장한 듯 보였는데요.

김연아 : ❶ 긴장했다기보다는~~었다기보다는/았다기보다는/였다기보다는~~ 부담이 많이 됐어요.

기 자 : 작년에 부상도 있었고 고된 훈련과 여러 경기 참여로 육체적으로 힘들었나 보군요.

김연아 : ❷ ………………………… 는다기보다는/ㄴ다기보다는/다기보다는 …………………… . 이제는 신인도 아니고 주위에서들 너무 기대를 하시니까요. 하지만 경기장에 섰을 때 우리나라 분들의 응원소리가 큰 힘이 됐습니다.

기 자 : 김연아 선수의 연기를 보고 있으면 너무 아름다워서 ❸ ………………………… 는다기보다는/ㄴ다기보다는/다기보다는 …………………… . 이렇게 아름다운 연기를 펼칠 수 있는 특별한 비결이라도 있습니까?

김연아 : ❹ ………………………… 는다기보다는/ㄴ다기보다는/다기보다는 …………………………………… .

기 자 : 김연아 선수를 보면 유난히 음악을 잘 느끼고 표현하는데요. 음악에 대한 감수성이 천부적으로 뛰어난 것 같아요.

김연아 : ❺ ………………………… 는다기보다는/ㄴ다기보다는/다기보다는 …………………………………… .

기 자 : 자신이 하는 피겨스케이팅을 좋아하나요?

김연아 : ❻ ________________ 는다기보다는/ㄴ다기보다는/다기보다는 ________________. 피겨 없는 제 인생은 상상할 수도 없답니다. 제가 사랑하는 것을 열심히 할 수 있어서 전 늘 행복하고 감사합니다.

기　자 : 제 우문에 현답을 해 주셨네요. 늘 아름다운 모습을 팬들에게 보여주시기 바라며 인터뷰를 마치도록 하겠습니다.

4. '-는다기보다는'을 사용해 대화를 완성하십시오.

❶ 가 : 외국어 수업 시간에 공부하기가 참 어렵지요?

나 : 어렵~~는다기보다는/ㄴ다기보다는~~/다기보다는 하고 싶은 말을 다 표현하지 못해서 답답해요.

❷ 가 : 남자친구가 거의 말을 안 하네요. 무척 무뚝뚝하신가 봐요.

나 : ________________ 는다기보다는/ㄴ다기보다는/다기보다는 ________________.

❸ 가 : 그 드라마의 남자 주인공이 참 잘생겼지요?

나 : ________________ 었다기보다는/았다기보다는/였다기보다는 ________________.

❹ 가 : 그 선생님은 늘 친근한 태도로 학생들을 대해서 학생들이 많이 따른다면서요?

나 : 네, ________________ 이라기보다는/라기보다는 ________________.

❺ 가 : 어제 죽마고우였던 친구의 장례식에 다녀오셨다면서요? 너무 마음이 아프셨겠어요.

나 : ________________________________.

❻ 가 : 이 약을 먹으면 감기가 완전히 낫는 거지요?

나 : ________________________________.

–자니 –고 –자니 –고 해서

5. 다음 [보기]에서 알맞은 표현을 골라 '–자니 –고 –자니 –고 해서'를 사용해 대화를 완성하십시오.

[보기 1]	적금을 깨다	올리다	초콜릿을 사다
[선택 1]	혼수를 많이 하다	자는 애를 깨우다	모유수유를 하다

[보기 2]	다른 데서 빌리다	그냥 지나치다	분유를 먹이다
[선택 2]	안 올리다	자게 그냥 두다	아예 안 하다

❶ 가 : 급하게 목돈이 필요하다더니 구했어요?
나 : 네, 적금을 깨자니 아깝고 다른 데서 빌리자니 빌릴 데도 없고 해서 적금을 담보로 대출을 받기로 했어요.

❷ 가 : 아드님이 이번에 고3이라면서요? 아침에 깨우시기 힘들겠어요.
나 : ....자니 ....고 ....자니 ....고 해서 ....

❸ 가 : 직장에 다니시면서 수유는 어떻게 하세요?
나 : ....자니 ....고 ....자니 ....고 해서 ....

❹ 가 : 혼수준비는 어떻게 하셨어요?
나 : ....자니 ....고 ....자니 ....고 해서 ....

❺ 가 : 이번에 이 제품의 가격을 올려야 하지 않을까요?
나 : ....

❻ 가 : 이번 밸런타인데이 때 남자친구에게 줄 초콜릿 샀어?
나 : ....

6. 다음 표를 채우고 '-자니 -고 -자니 -고 해서'를 사용해 문장을 완성하십시오.

선 택 〈1〉	〈1〉의 문제점	선 택 〈2〉	〈2〉의 문제점	고 민
❶ 시키다	부담되다	안 시키다	불안하다	어떻게 해야 할지 모르겠어요. / 고민 중이에요.
❷ 집에만 있다		근교로 나가다		
❸ 계속 공부하다		귀국하다		
❹ 연애를 하다		선을 보다		
❺ 팔아버리다		계속 가지고 있다		
❻ 장관을 해임시키다		그대로 두다		

❶ 영어 조기교육 문제로 고민 중인 엄마 :

영어 조기교육을 시키자니 부담되고 안 시키자니 불안하고 해서 고민 중입니다.

❷ 주말 계획으로 고민하는 직장인 :

..........자니..........고..........자니..........고 해서 고민 중이야.

❸ 귀국 문제로 고민하는 유학생 :

..........자니..........고..........자니..........고 해서 어떻게 해야 할지 모르겠어.

❹ 배우자 만남의 방식에 대해 고민하는 여자 :

..........자니..........고..........자니..........고 해서 고민 중이에요.

❺ 주식 투자로 큰 손해를 입은 투자자 :

..........자니..........고..........자니..........고 해서 어떻게 해야 할지 모르겠어요.

❻ 계속된 실정으로 국민의 신임을 잃은 장관의 해임 여부를 고민하는 대통령:

..........자니..........고..........자니..........고 해서 어떻게 해야 할지 모르겠습니다.

7과 2항

어휘

1. 다음 [보기]에서 알맞은 단어를 골라 빈 칸에 쓰십시오.

[보기]	문상	장지	생전	조문객	초상	빽빽하다
	절차	조의	빈소	묵념	고인	명복

❶ 그 사람은 부인과 이혼하기 위해 법적 (절차)~~을~~/를 밟고 있어요.

❷ 문학계의 큰 별이었던 ( )을/를 기리기 위한 추모 시집이 나왔습니다.

❸ 그 배우는 촬영 일정이 ( )어서/아서/여서 차에서 잘 때가 많다고 해요.

❹ 제자들은 돌아가신 김 교수님의 ( )을/를 밤새 지켰습니다.

❺ 어머니께서 살아 ( )에 늘 하시던 말씀을 잊을 수가 없습니다.

❻ 많은 사람들이 ( )을/를 가서 어떤 위로의 말을 해야 할지 몰라 말끝을 흐리곤 합니다.

❼ 장례식의 화환에는 '삼가 고인의 ( )을/를 빕니다.'라고 쓰여 있어요.

❽ 그 섬에는 사람이 죽으면 ( )을/를 치르는 동안 바다 일을 금하는 풍습이 있습니다.

❾ 먼저 조국을 지키기 위해서 돌아가신 순국 선열들을 위해 ( )하겠습니다.

❿ 이곳 분향소에는 이른 새벽부터 찾아온 ( )들의 발길이 끊이지 않고 있습니다.

⓫ 우리들 곁을 떠난 허무상 선생님께 삼가 ( )을/를 표합니다.

⓬ 16일 발인 예정으로 ( )은/는 대전 국립현충원에 마련됩니다.

2. 다음 [보기]에서 알맞은 표현을 골라 빈 칸에 쓰십시오.

[보기]
- 돌잔치를 벌이다(하다)
- 결혼식을 치르다(올리다)
- 회갑연을 벌이다(하다)
- 장례식을 치르다(하다)
- 제사를 지내다(올리다)
- 명복을 빌다
- 조상을 추모하다
- 장수를 축하하다
- 장래를 축복하다
- 백년해로를 빌다

제임스 : 한국인의 의례에 대해 이야기 좀 해 주세요.

영 수 : 아기가 태어난 지 1년이 되면 (돌잔치를 해요)~~어요/아요/여요~~. 이때 아기들은 특별한 돌 옷을 입고 사람들은 수수 경단이나 백설기 같은 떡을 먹어요. 또 아기의 ( )어/아/여 주지요.

제임스 : 성인식 같은 것도 있나요?

영 수 : 예전에는 '관례'라는 것이 있었지만 요즘에는 없어졌어요. 어른이 된 이후의 제일 큰 의례는 혼례겠지요. (   )는 것이에요. 사람들은 신랑, 신부에게 오래오래 행복하게 살라고 (   )어/아/여 주지요.

제임스 : 제 친구를 보니까 아버지 60세 생신 때 큰 잔치를 하는 것 같던데요.

영 수 : 네, 한국 나이로 61세 때 (   )습니다/ㅂ니다. 자녀들과 친척, 지인들이 모여 당사자의 (   )는 행사예요.

제임스 : 그 다음에는 뭐가 있나요?

영 수 : 상례로 (   )는 것이에요. 사람들이 고인의 (   )어/아/여 주지요.

제임스 : 사람이 죽은 이후에는요?

영 수 : 제례를 지내지요. 죽은 사람을 위해 (   )어요/아요/여요. 자손들이 (   )기 위한 것이에요.

제임스 : 어느 나라나 비슷한 것 같으면서도 조금씩 다른 의례를 치르게 되는군요.

문법

-같아선

3. '-같아선'을 사용해 문장을 완성하십시오.

❶ 육아와 살림에 지친 주부:
마음 같아선 혼자 멀리 떠나 한 달쯤 푹 쉬고 싶어요.

❷ 여자 친구를 두고 군대에 가야 하는 젊은 남성:
생각 같아선 ______________________.

❸ 식당 서비스가 엉망이어서 화가 난 손님:
기분 같아선 ______________________.

❹ 일정한 가격에 무제한으로 먹을 수 있는 식당에 있는 사람:
욕심 같아선 ______________________.

❺ 차선을 요리조리 바꾸는 앞차에 짜증이 난 운전기사 아저씨:
성질 같아선 ______________________.

❻ 대학 졸업 후 3년째 취직이 안 돼 공부하고 있는 취업준비생:
요즘 같아선 ______________________.

4. 다음 [보기]에서 알맞은 단어를 골라 대화를 완성하십시오.

[보기]	마음	생각	기분	욕심	성질	요즘

❶ 가 : 결혼 축하드립니다. 2세 계획은 세우셨는지요?

나 : 제가 나이가 많아서 가능한 한 빨리 갖고 싶습니다. 생각 같아선 아들 둘, 딸 둘 이렇게 네 명 낳았으면 좋겠어요.

❷ 가 : 요즘 같은 불황에 중소기업 운영하기가 만만치 않으시지요?

나 : 네, ______________ 같아선 ______________.

❸ 가 : 미국으로 유학 간다면서요? 석사 과정을 마치면 다시 돌아올 거예요?

나 : ______________ 같아선 ______________.

❹ 가 : 오늘까지 제출해야 할 보고서 다 끝냈어?

나 : 야, 말도 마. 머리 싸 메고 밤새 작업했는데 갑자기 정전이 되는 바람에 다 날아가 버렸어. ______________ 같아선 ______________.

❺ 가 : 머리 새로 한 거야? 너무 이상하게 잘랐다.

나 : 글쎄 말이야. 어제 미장원에서 잠깐 졸았더니 이렇게 잘라 놨어. ______________ 같아선 ______________.

❻ 가 : 신혼여행 가서 우연히 첫사랑을 만났다며?

나 : 음, 그 사람은 여전히 멋있더라. ______________ 같아선 ______________.

-을 것까지는 없겠지만

5. '-을 것까지는 없겠지만'을 사용해 대화를 완성하십시오.

❶ 가 : 등산을 시작해 보려고 하는데요. 필요한 장비들을 다 사야 하나요?

나 : 등산에 필요한 모든 장비를 다 살 ~~을/ㄹ~~ 것까지는 없겠지만 등산화 정도는 구입하는 게 좋겠지요.

❷ 가 : 교수님, 논문 내용이 부실하고 엉망인 것 같아요. 다시 새로 쓸까요?

나 : ______________ 을/ㄹ 것까지는 없겠지만 ______________.

❸ 가 : 이번에 파견 근무 나가게 된 나라는 영어가 안 통한대요. 그 나라 언어를 원어민 수준으로 구사할 정도로 배우고 가야 할까요?

나 : .... 을/ㄹ 것까지는 없겠지만

....

❹ 가 : 요즘에 대학 졸업생들이 취직하기가 너무 어렵대요. 졸업을 미루고 취업 준비를 해야 할까 봐요.

나 : .... 을/ㄹ 것까지는 없겠지만

....

❺ 가 : 물을 지나치게 많이 먹으면 몸에 해로운가요?

나 : .... 을/ㄹ 것까지는 없겠지만

....

❻ 가 : 제사 음식은 일일이 다 집에서 만들어야 하나요?

나 : .... 을/ㄹ 것까지는 없겠지만

....

6. 대화를 완성하십시오

케빈 : 영수 씨, 은희 씨가 드디어 제 프로포즈를 받아 줬어요. 이제 슬슬 결혼식 준비를 하려고요. 근데 한국은 결혼 준비가 복잡해서 좀 걱정이 되네요. 우선 상견례를 해야 하는데요. 상견례 때 양가 친척을 모두 불러야 하나요?

영수 : ❶ 친척들을 모두 부를 ~~을/ㄹ~~ 것까지는 없겠지만 부모님과 형제, 가까운 친척 정도는 모시고 인사드리는 게 좋아요.

케빈 : 예식장은 어디로 할까요? 여자들이 특급 호텔을 선호한다던데요.

영수 : ❷ ______ 을/ㄹ 것까지는 없겠지만 ______.

케빈 : 결혼 전에 웨딩 촬영도 하던데 야외 촬영, 스튜디오 촬영 등도 다 해야 되나요?

영수 : ❸ ______ 을/ㄹ 것까지는 없겠지만 ______.

케빈 : 여자들한테 예물도 많이 해줘야 한다고 들었어요. 다이아몬드, 진주, 사파이어, 에메랄드, 루비 등을 해줘야 한다면서요?

영수 : ❹ ______ 을/ㄹ 것까지는 없겠지만 ______.

케빈 : 결혼식 끝나고 폐백 드릴 때 입을 한복도 다 맞춰야 한다면서요? 겨울 한복, 여름 한복, 두루마기 등도 다 맞춰야 하나요?

영수 : ❺ ______ 을/ㄹ 것까지는 없겠지만 ______.

케빈 : 신혼여행 경비는 누가 부담하나요? 신랑, 신부가 반반 부담하는 게 원칙이라는 사람들도 있고 신랑이 다 부담해야 하는 거라고 하는 사람들도 있던데요.

영수 : ❻ ______ 을/ㄹ 것까지는 없겠지만 ______.

케빈 : 아이고, 결혼 한번 하려다가 집안 기둥뿌리가 다 뽑히겠군요.

7과 3항

읽고 쓰기

※ 다음 글을 읽고 질문에 답하십시오.

아파트는 우리나라에서 인기가 높다. 이러한 현상은 아파트의 발생 배경과 관계가 깊다. 유럽의 경우, 빈민 주거 문제를 해결하기 위해 아파트가 지어졌다면, 우리나라는 주거 근대화를 위한 선진국형 주거 형식의 도입으로 아파트가 지어졌다. 그렇다고는 해도 아파트가 한국인이 살기에 불편했다면 과연 인기를 얻을 수 있었을까? 서양의 주거 형식인 아파트가 우리나라 사람들에게 거부감 없이 받아들여지는 이유는 바로 아파트가 한국인의 삶에 맞게 토착화되었다는 데에 있다. 어떤 점에서 토착화되어 있을까?

우선, 우리나라의 아파트는 언제나 현관에 신을 벗는 공간이 마련되어 있다. 실내에 신을 벗고 들어가는 것은 한국의 고유한 문화이다. 이는 온돌과 관련이 있다. 방에 들어갈 때 신을 벗는 이유는 온돌 난방을 하여 방바닥이 따뜻하기 때문인데, 세계적으로 방바닥을 따뜻하게 하는 나라는 우리나라뿐이다. 우리 고유의 온돌 문화가 아파트라는 서양 주거에 그대로 도입된 것이다.

또한 지금 아파트의 평면의 구조는 1930년대에 등장했던 도시형 한옥, 이른바 ㅁ자 집과 매우 유사하다. 이는 전통 한옥이 도시화와 근대화를 거치면서 좁은 터에 효과적으로 병존할 수 있도록 변화된 것이다. ㅁ자 한옥은 가운데 마당을 두고 방과 마루가 주위를 둘러싸고 있어서 마당에서 각 방으로 진입하는 구조인데, 거실을 가운데 두고 그 주위에 침실과 주방, 욕실을 두는 오늘날의 아파트 구조와 매우 유사하다. 안마당과 마루의 역할이 합쳐져 아파트의 거실이 된 것이다.

또한 아파트 앞뒤로 난 베란다는, 그것이 조망이나 휴식용으로 사용된다는 점에서 전통 주택의 툇마루와 비슷하다. 아파트의 경우, 주로 거실과 안방 쪽의 베란다는 화분이나 티테이블을 놓아 휴식용으로 사용하면서도, 후면의 베란다는 잘 쓰지 않는 물건을 두는 용도로 사용하고 있으니, 이는 전통 주택에서 툇마루나 툇간을 수납 공간으로 쓰던 습성과 관련이 있다. 아파트에서 산다고 해도 이러한 행태가 나타나고 있는 것이다.

아파트라는 서양의 주거 양식이 우리나라에서 성공한 것은 바로 이처럼 토착화를 이루기 위해 노력을 해 왔기 때문이다. 우리나라의 아파트들은 서양의 아파트와 외형적으로는 비슷할지 몰라도 내부는 다르다. 아직도 우리는 바닥 난방을 하고 실내에는 신을 벗고 들어간다. 양지 바른 마당에 꽃을 심고 그 한 켠에 겨울이면 김칫독을 묻었듯이, 남향의 베란다에 화분과 장독을 두기를 좋아하며 김칫독을 묻을 땅은 없어도 여전히 김치 냉장고를 베란다에 두기도 한다. 우리의 전통 주거 문화는 사라지지 않고 여전히 아파트에서 살아 숨 쉬고 있는 것이다.

1. 위 글의 중심 내용은 무엇입니까? (　　　)

❶ 아파트가 현대 건축의 앞길을 제시하고 있다.

❷ 우리의 전통 문화가 아파트에서 살아 숨 쉬고 있다.

❸ 아파트와 한옥은 닮은 점과 다른 점이 많다.

❹ 아파트에서 동서양 문화의 조화를 발견한다.

2. 서양 주거 양식인 아파트가 우리나라에서 성공한 이유는 무엇입니까?

3. 다음의 단어들을 이용하여 위 글의 내용을 요약해 쓰십시오.

토착화	온돌 난방	평면 구조	휴식과 수납 공간	전통 주거 문화

듣고 말하기

CD: 07

※ 다음을 듣고 질문에 답하십시오.

1. 들은 내용에 맞는 제목과 부제는 무엇입니까? (　　　)

❶ 공동체 가족 – 법적으론 '남남'

❷ 가족의 재구성 – 핏줄에서 정으로

❸ 다문화 가족 – 아직도 차가운 시선

❹ 변화하는 가족 – 엄마는 회사 가고, 아빠는 마트 가고

2. 이 이야기에서 언급한 새로운 가족 형태의 예는 무엇입니까?

공동체 가족	다문화 가족			

3. 이 이야기에서는 가족의 본질이 '혈연' 중심에서 '관계' 중심으로, '혈연 공동체'에서 '정서(情緖) 공동체'로 바뀌고 있다고 했습니다. 이 말의 의미를 생각해 보고, 여러분이 생각하는 현대 가족의 본질은 무엇인지 이야기해 봅시다.

한자성어 2

11. 애지중지(愛之重之)

매우 사랑하고 귀중히 여김.

- 동생은 새로 산 옷을 애지중지하며 만지지도 못하게 하였다.

12. 양자택일(兩者擇一)

둘 중에서 하나를 고름.

- 오지로 파견 근무를 가거나 회사를 그만두거나 양자택일해야 한다.

13. 어부지리(漁父之利)

두 사람이 이해관계로 서로 다투는 사이에 엉뚱한 사람이 애쓰지 않고 얻은 이익을 이르는 말.

- 여당 후보와 야당 후보의 다툼 속에서 무소속 후보가 어부지리로 당선되었다.

14. 오십보백보(五十步百步)

조금 낫고 못한 정도의 차이는 있으나 본질적으로는 차이가 없음을 이르는 말.

- 45등이나 50등이나 오십보백보다.

15. 이구동성(異口同聲)

여러 사람의 말이 한결 같음.

- 모두들 이구동성으로 한국어학당이 최고라고 하던데요.

16. 일사천리(一瀉千里)

강물이 빨리 흘러 천 리를 간다는 뜻으로, 어떤 일이 거침없이 빨리 진행됨을 이르는 말.

- 그 법안은 국회에서 일사천리로 통과되었다.

17. 일구이언(一口二言)

한 입으로 두 가지 말을 한다는 뜻으로, 한 가지 일에 대하여 말을 이랬다저랬다 함을 이르는 말.

- 그는 일구이언을 밥 먹듯 해서 아무도 그를 믿지 않게 되었다.

18. 일편단심(一片丹心)

한 조각 붉은 마음. 진심에서 우러나오는 변치 않는 마음.

- 처음 만난 순간부터 지금까지 일편단심 당신만을 사랑해 왔어요.

19. 의기양양(意氣揚揚)

뜻한 바를 이루어 만족한 마음이 얼굴에 나타난 모양

- 난생 처음 잠자리 한 마리를 잡은 꼬마는 의기양양하게 뛰어왔다.

20. 포복절도(抱腹絶倒)

배를 그러안고 넘어질 정도로 몹시 웃음.

- 웃음 다이어트의 기본은 '미소'가 아닌 '포복절도'. 무조건 소리 내어 배꼽이 빠지도록 웃는다.

한자성어 연습 2

11. 지영 : 그래서 그 집 사기로 했어? 안 사기로 했어? 부동산 가격이 이렇게 자꾸 떨어지면 지금 사는 거 손해 아니야?

은희 : 응, 그런데 어제 집주인한테 전화해 봤는데, 벌써 계약금을 건넸으니까 계약 조건대로 사든지, 아니면 계약금 날리고 계약 취소하든지 .... 하래.

12. 학 생 : 설문 조사를 했는데요, 이상하게도 모두 같은 대답이었습니다. 한국어학당에서는 5급이 제일 재미있다는군요.

선생님 : 모두 .... 으로/로 그렇게 얘기하는 걸 보니 사실인가 본데요.

13. 동 생 : 형, 정말 다음 달 월급 타면 내 돈 갚을 거지?

형 : 물론이지. 내가 언제 약속 안 지키는 거 봤어?

동 생 : 그래도 다음 달에 딴 소리 할까 봐...

형 : 뭐? 넌 내가 그렇게 .... 하는 사람으로 보이냐? 날 믿어.

14. 김과장 : 박 대리, 이번 달 판매 실적이 이게 뭐야? 한 달 동안 한 대가 뭐냐고?

이대리 : 맞아, 박 대리, 다음 달엔 더 뛰어다녀야겠어.

김과장 : 두 사람 .... 이야/야. 이 대리도 두 대는 계약만 한 거고, 확실하게 판건 한 대밖에 없잖아.

15. 아 내 : 당신 요즘 좀 이상해. 변한 거 같아. 결혼 전엔 나만을 사랑한다더니.

남 편 : 어허, 그런 말은 생각하지도 마. 아직도 당신을 향한 .... 은/는 변함 없다오.

16. 아버지 : 뭘 그렇게 웃고 있니?

딸 : .... 으로/로 아까 도서상품권이 생겼어요. 언니하고 오빠가 서로 갖겠다고 싸우는 바람에 엄마가 저한테 주셨거든요.

17. 손 녀 : 할아버지, 옆집 할아버지께서 많이 편찮으신가 봐요.

할아버지 : .... 하던 도자기를 .... 하는 손자가 깼으니 어떻게 하겠니? 혼자 끙끙 앓을 수밖에.

18. 남　편 : 어? 당신 일찍 왔네. 오늘 저녁에 회의가 있어서 좀 늦을 거라더니.

아　내 : 부장님이 바쁜 일이 있으신지 회의를 .... 으로/로 진행하시더라고. 적어도 두 시간은 걸릴 줄 알았는데, 30분도 안 돼서 끝났어.

19. 앵　커 : 인천공항에 나가 있는 박명수 기자를 연결하겠습니다. 박명수 기자.

기　자 : 네, 여기는 인천공항입니다. 지금 올림픽 메달을 목에 건 우리 국가대표 선수들이 .... 한 모습으로 입국장을 빠져나오고 있습니다.

20. 희　정 : 요즘 계속 기분이 가라앉는데, 어디 .... 할 만한 영화 없을까?

명　숙 : 나는 '가문의 영광' 하고 '투사부일체' 보고 배꼽이 빠지는 줄 알았어.

YONSEI KOREAN WORKBOOK 5

제 8 과 삶과 배움

8과 1항

어휘

1. 다음 [보기]에서 알맞은 단어를 골라 빈 칸에 쓰십시오.

[보기]	제대로	인사성	예의범절	희생하다	씨름하다
	풍부하다	치열하다	대입	인적자원	

❶ 그 학생은 어른들에게 인사를 잘 해 어딜 가나 (인사성)이/~~가~~ 밝다고 칭찬을 듣는다.

❷ 수학 문제가 너무 어려워서 그 문제를 푸느라고 오랫동안 ( )었다/았다/였다.

❸ 그 회사는 우수한 ( )을/를 확보하기 위해 새로운 신입사원 선발제도를 개발했다.

❹ 올림픽이 시작되자 방송국 사이에 시청률 경쟁이 ( )어졌다/아졌다/여졌다.

❺ 그 사람은 감정이 매우 ( )어서/아서/여서 영화나 드라마를 보면서 눈물을 잘 흘린다.

❻ 그 사람은 자신의 신념을 지키기 위해 다른 모든 것을 ( )었다/았다/였다.

❼ 혼자서 틈틈이 주식에 대해 공부했는데 ( ) 배우려고 신문사의 재테크 강좌에 등록했다.

❽ 옛날에는 술자리에서 지켜야 할 ( )이/가 지금보다 훨씬 까다로웠다.

❾ 대학들이 ( ) 설명회를 열자 학부모들로 성황을 이뤘다.

2. 다음 [보기]에서 알맞은 표현을 골라 쓰십시오.

[보기]	의무교육	공립학교	인문계 고등학교	실업계 고등학교	특목고
	예체능 교육	영재 교육	조기 교육	보습학원	논술학원

❶ 지방 자치 단체가 세운 학교 (공립학교)

❷ 외국어, 과학, 예술, 체육 등 특수 분야의 전문적인 교육을 목적으로 하는 학교 (   )

❸ 대학 진학을 목표로 하는 학교 (   )

❹ 국민의 의무로 학교에 어린이를 보내 교육 받도록 하는 것 (   )

❺ 직업 교육을 목표로 하는 학교 (   )

❻ 뛰어난 재능을 지닌 아이에게 하는 특별한 교육 (   )

❼ 음악, 미술, 무용 등 예술이나 체육을 가르치는 교육 (   )

❽ 정해져 있는 연령이나 시기보다 훨씬 일찍부터 실시하는 교육 (   )

❾ 논리적으로 자신의 생각을 쓰는 훈련을 받고 싶은 학생 (   )

❿ 부족한 학과 공부를 보충하고 싶은 학생 (   )

문법

-으랴 -으랴

3. 다음 [보기]에서 알맞은 상황을 골라 '-으랴 -으랴'를 사용해 문장을 완성하십시오.

- 화재 진압하다/인명 구조하다/정신없다
- 강의 듣다/공책에 적다/정신없다
- 주문 받다/배달하다/몸이 두 개라도 모자랄 지경이다
- 학교 알아보다/비자 신청하다/정신없이 바쁘다
- 음식 준비하다/손님 맞다/쉴 틈이 없다
- 회의 준비하다/보고서 쓰다/점심 먹을 시간도 없었다

❶ 불이 났을 때 소방관들은 화재 진압하랴 인명 구조하랴 정신이 없어요.

❷ 식당에서 아르바이트할 때 ______________________.

❸ 외국으로 유학 갈 때 ______________________.

❹ 유학을 가서 첫 학기에 전공 수업을 들을 때 ______________________.

❺ 명절에는 ______________________.

❻ 회사에서 ______________________.

4. 관계있는 것을 연결하고 누가 말하는지 찾아서 문장을 만드십시오.

❶ 옷 갈아입다 •	• 출근 준비하다
❷ 유권자들과 일일이 악수하다 •	• 선생님 도와 수술하다
❸ 취재하다 •	• 선배 기자들 원고 교정하다
❹ 출연자 섭외하다 •	• 행사 홍보하다
❺ 아이 등교시키다 •	• 다시 분장하다
❻ 응급실 환자 돌보다 •	• 지역 주민들의 고충을 듣다

❶ 한 연극에서 두 가지 역할을 맡은 연극배우 : 옷 갈아입으랴 다시 분장하랴 정신이 없었어요.

❷ 초등학생을 둔 직장 여성 : ______________ 으랴/랴 ______________ 으랴/랴 ______________.

❸ 선거 운동 중인 국회의원 후보 : ______________ 으랴/랴 ______________ 으랴/랴 ______________.

❹ 외과 레지던트 : ______________ 으랴/랴 ______________ 으랴/랴 ______________.

❺ 이벤트를 맡은 홍보부 직원 : ______________ 으랴/랴 ______________ 으랴/랴 ______________.

❻ 인턴 기자 : ______________ 으랴/랴 ______________ 으랴/랴 ______________.

–다 보니 그로 인해

5. 관계있는 것을 연결하고 '–다 보니 그로 인해'를 사용해 문장을 만드십시오.

❶ 그 사람은 소신이 강하다 •	• 정부 여당에 대한 반발이 거세게 일어났다.
❷ 시험이 너무 어렵다 •	• 농촌이 공동화되는 현상이 나타났다.
❸ 제대로 식사를 못 하다 •	• 호흡기 질환자가 늘어났다.
❹ 대기오염이 심하다 •	• 동료들과 충돌이 많다.
❺ 도시화가 가속화되다 •	• 위장병이 생겼다.
❻ 무리하게 정책을 추진하다 •	• 학생들의 성적이 전반적으로 많이 떨어졌다.

❶ 그 사람은 소신이 강하다 보니 그로 인해 동료들과 충돌이 많다.

❷ ______________.

❸ ______________.

❹ ______________.

❺ ______________.

❻ ______________.

6. 다음 [보기]에서 알맞은 표현을 골라 '–다 보니 그로 인해'를 사용해 대화를 완성하십시오.

[보기]		
	주가가 계속 떨어지다	두 나라가 군비 경쟁을 오래 하다
	파업이 장기화되다	클래식 음악을 다룬 드라마가 인기를 끌다
	취업난이 지속되다	가뭄이 오래 지속되다

❶ 가 : 요즘은 사람들이 어디에 투자를 많이 해요?

나 : 주가가 계속 떨어지다 보니 그로 인해 금이나 미술품에 투자하는 사람이 많아졌어요.

❷ 가 : 그 회사는 이번 파업으로 인해 손해가 크대요?

나 : ______________ 다 보니 그로 인해 ______________.

❸ 가 : 요즘은 대학을 오래 다니는 학생들이 많아졌다면서요?

나 : ______________ 다 보니 그로 인해 ______________.

❹ 가 : 그 두 나라는 경제 파탄의 위기에 빠졌다면서요?

나 : ______________ 다 보니 그로 인해 ______________.

❺ 가 : 요즘 오케스트라 동호회가 많아졌다면서요?

나 : ______________________________.

❻ 가 : 그 나라는 요즘 식수난이 심각하다면서요?

나 : ______________________________.

8과 2항

어휘

1. 다음 [보기]에서 알맞은 단어를 골라 빈 칸에 쓰십시오.

[보기] 열의 끊임없이 계발 삶의 질 평균수명 노후생활

❶ 그 학생은 (열의)~~이~~/가 가득한 눈빛으로 수업시간에 임한다.
그 기업은 친환경 자동차 개발에 (열의)을/를 보이고 있다.

❷ 안락한 ( )을/를 위해서는 젊었을 때부터 준비해야 한다.
그 노부부는 취미 활동을 함께 하면서 ( )을/를 즐기고 있다.

❸ 요즘은 주부들도 자신의 능력을 ( )하기 위해 학원이나 백화점 문화 센터에 배우러 다닌다.
경제 불황에도 불구하고 직장인들의 자기 ( )에 대한 투자는 줄어들지 않고 있다고 한다.

❹ ( )이/가 늘어나면서 사회 복지 비용도 늘고 있다.
암이나 심장병 등을 예방하면 ( )이/가 늘어날 수 있다.

❺ 그 배우는 다양한 배역을 통해 ( ) 변화된 모습을 보여 주고 있다.
세계 도처에서 지역 분쟁이 ( ) 일어나고 있다 .

❻ ( )을/를 향상시키기 위해서는 환경 개선이 필요하다.
최근 연구 보고서에 의하면 도시 집중화가 ( )을/를 떨어뜨리는 것으로 나타났다.

2. 다음 [보기]에서 알맞은 단어를 골라 쓰십시오.

[보기] 기초 및 교양 교육 전문 교육 여가 교육 생활 교육

❶ 부동산 경매 투자 분석, 급식 교육 전문인 과정, 공연 기획 전문가 (전문 교육)

❷ 생활 법률, 내 삶 속의 미술과 문학, 동서양 문화의 이해 ( )

❸ 댄스 스포츠, 디지털 사진, 노래 교실 ( )

❹ 천연 비누 만들기, 요리 아카데미, 선물 포장과 리본 연출 ( )

[보기] 원격 교육 :	면대면 교육 :
방송통신대학교 디지털대학교 /사이버대학교	구청 복지관 백화점 문화센터 시립(도립) 도서관 평생교육센터 지역 평생학습관 대학 부설 사회교육원/평생교육원

❶ 최근에는 온라인이나 방송을 통한 (원격 교육)을/를 실시하는 교육 기관들도 학생들과 교수가 직접 만나는 ( )을/를 병행하고 있다.

❷ ( ) e-비즈니스학과의 한 학생은 온라인을 통해 공부한 내용이 회사 생활에 도움이 되고, 교수님과도 실시간 인터넷으로 질문 답변이 가능해서 많은 것을 배운 것 같다고, 소감을 밝혔다.

❸ ( )의 강의는 TV와 라디오를 통해 전국 어디서나 들을 수 있다.

❹ 대학의 역할은 전문 인력을 키워내는 교육 및 연구이지만 최근에는 평생 교육 프로그램을 활성화해 지역사회와 국가발전에 이바지 할 수 있는 인력 양성에도 많은 노력을 기울이고 있다. 이를 위해 각 대학은 ( )을/를 설립해 직업에 필요한 교육은 물론 자기 계발에 필요한 프로그램을 개발해 제공하고 있다.

❺ 백화점들은 마케팅의 일환으로 그리고 백화점 이미지를 제고시키는 한 방법으로 ( )을/를 운영하고 있다.

❻ 서울 ( )은/는 지역 주민을 대상으로 평생교육 프로그램을 운영한다.

❼ 서대문구 ( )은/는 구민을 위해 세미나실, 교육실, 유아실 등을 갖추고 여성들이 취미 활동이나 자격증 취득을 위한 공부를 저렴한 가격이나 무료로 할 수 있도록 많은 강좌를 개설했다.

❽ 남산 도서관에서 운영하는 ( )에서는 주부들을 대상으로 하는 문화 교실과 60세 이상을 대상으로 한 컴퓨터 실버반을 개설함으로써 시민들의 평생학습 요구에 부응해 왔다.

문법

-는 만큼

3. 다음 [보기]에서 알맞은 표현을 골라 '-는 만큼'을 사용해 대화를 완성하십시오.

[보기]		
	8주 연속 베스트셀러이다	죄질이 나쁘다
	경력에 도움이 되는 좋은 기회이다	위험 부담이 있다
	인기 있는 강좌는 빨리 마감되다	열의가 대단하다

❶ 가 : 그 책을 읽으려고 하는데 재미있을까?
나 : 8주 연속 베스트셀러인~~는/은/ㄴ~~ 만큼 재미있을 거야. 읽어 봐

❷ 가 : 해외 파견 근무를 나가게 됐는데 남자 친구 때문에 나가야 할지 말아야 할지 고민이야.
나 : .... 는/은/ㄴ 만큼 기회를 놓치지 마.

❸ 가 : 새 대통령이 경제 위기를 잘 해결할 수 있을까?
나 : .... 는/은/ㄴ 만큼 잘 해결할 수 있을 거야.

❹ 가 : 그 사기범은 재판에서 얼마나 구형을 받을까?
나 : .... 는/은/ㄴ 만큼 형량이 높을 거야.

❺ 가 : 평생교육원의 '현대인과 스트레스 관리'라는 강좌를 들으려고 해.
나 : .... 서둘러서 등록해야 할 거야.

❻ 가 : 직접 주식 투자를 할 생각이야.
나 : .... 신중하게 생각해서 해.

4. 관계있는 것을 연결하고 맞는 상황을 찾아 '–는 만큼'을 사용해 대화를 완성하십시오.

남북 대화가 어렵게 재개되다 •	• 공정성 시비는 없을 것으로 보이다
상황이 긴박하다 •	• 수상이 기대되다
증거를 충분히 확보하다 •	• 반드시 성과를 내도록 하겠다
양국 간 군사적 긴장이 완화되고 있다 •	• 시급히 대책을 내 놓도록 하겠다
뛰어난 연기력을 보이다 •	• 승소할 자신이 있다
선거가 공정하게 치러지다 •	• 점진적으로 평화 체제로 전환될 것 것으로 예상되다

❶ 기자 : 남북 대화가 정말 어렵게 재개되었는데요. 우리측 대표의 소감을 한 번 들어 보겠습니다.
한국측 대표 : 남북 대화가 어렵게 재개된 ~~는/은/ㄴ~~ 만큼 반드시 성과를 내도록 하겠습니다.

❷ 기자 : 두 나라 사이에 군사적 긴장이 완화되고 있는데요. 앞으로 어떻게 될까요?
군사 평론가 : ______________________ 는/은/ㄴ 만큼
______________________.

❸ 기자 : 이번 서울충무로국제영화제에서 '서은희'씨가 여우주연상을 받을 수 있을지 주목되고 있습니다. 어떻게 보십니까?
영화 평론가 : ______________________ 는/은/ㄴ 만큼
______________________.

❹ 기자 : 이번 재판에서 승소할 자신이 있습니까?
검찰 : ______________________ 는/은/ㄴ 만큼
______________________.

❺ 기자 : 지난번에 치러진 선거는 공정성 시비로 인해 재선거까지 했는데요. 이번 선거는 어떻게 될 것 같습니까?
정치 평론가 : ______________________.

❻ 기자 : 최근 경제 상황이 긴박하게 돌아가고 있는데요. 이에 대한 대책을 마련해 놓고 계신지요?
청와대 대변인 : ______________________.

–지 않고서는

5. '–지 않고서는'을 사용해 문장을 바꾸십시오.

❶ 신문을 읽어야 세상사에 대해 알 수 있어요.

→ 신문을 읽지 않고서는 세상사에 대해 알 수 없어요.

❷ 선거제도를 바꿔야 정치 개혁을 제대로 할 수 있어요.

→ ________ 지 않고서는 ________.

❸ 실적을 올려야 이번에 승진할 수 있어요.

→ ________ 지 않고서는 ________.

❹ 국가 간 협조 체제를 갖추어야 지금의 세계적인 금융 위기를 극복할 수 있어요.

→ ________ 지 않고서는 ________.

❺ 품종 개량을 해야 식량 부족 문제를 해결할 수 있어요.

→ ________.

❻ 이산화탄소 배출을 규제해야 환경 문제를 개선할 수 있어요.

→ ________.

6. 다음 [보기]에서 알맞은 표현을 골라 '-지 않고서는'을 사용해 대화를 완성하십시오.

[보기]	살을 뺄 수 없다	공직자 윤리를 바로 세우기 어렵다
	정확한 진단이 어렵다	남북 관계가 개선되기 어렵다
	경쟁력을 갖출 수 없다	원만한 대인 관계를 유지할 수 없다

❶ 가 : 살을 빼고 싶은데 운동을 열심히 하면 될까요?

나 : 운동만으로는 부족합니다. 식이요법과 운동을 병행하지 않고서는 살을 뺄 수 없어요.

❷ 가 : 기초 검사를 했는데, 또 정밀 검사를 해야 해요?

나 : ______________ 지 않고서는 ______________.

❸ 가 : 대학교 다닐 때도 자기 계발을 계속 하더니 직장 다니면서도 여러 학원을 다니네.

나 : ______________ 지 않고서는 ______________.

❹ 가 : 원만한 대인 관계를 유지하려면 무엇이 가장 중요할까?

나 : ______________ 지 않고서는 ______________.

❺ 가 : 남북 관계 개선에 상호 신뢰 회복이 중요한 역할을 할까요?

나 : 그럼요. ______________.

❻ 가 : 얼마 전에 고위 공직자들이 재산을 공개했는데 필요한 일일까?

나 : 물론이지. ______________.

8과 3항

읽고 쓰기

※ 다음 글을 읽고 질문에 답하십시오.

조선 시대 국왕을 위한 교육은 담당기관과 과목, 학습 방법이 단계별로 잘 짜여져 있었다. 제도가 완전히 갖춰진 조선 후기에는 한 왕자가 궁궐에서 태어나 정상적인 과정을 거쳐 세자에 책봉되고 국왕이 되었다면 세자 이전의 교육, 세자로서의 교육, 국왕으로서의 교육 등 삼 단계를 거쳐야 했다.

세자 이전의 교육에는 태어난 직후부터 양육을 받는 보양청 교육과 3, 4세에 이르렀을 때 조기 교육을 받는 강학청 교육이 있었다. 보양청 교육은 대상자가 아직 유아이기 때문에 특별한 교육이 이뤄지지는 못했고, 담당 관리가 문안을 한다든가 병이 있을 때에는 의관이 진찰을 하는 등 잡다한 신변사들이 대부분이었다. 그러나 탄생 직후부터 국가에서 담당 관청을 설치하여 그 성장을 꾸준히 지켜보았다는 데 의미가 있었다.

강학청 교육은 초등교육이 시작되는 단계이다. 원자를 위해 궁궐 안에 별도의 장소를 마련하고 교육을 실시하였는데, 한자 교육이 주를 이루었으나 한글과 체조도 함께 가르쳤다. 수업 횟수도 성장 정도에 따라 사흘에 한 번씩에서 매일로, 다시 하루에도 3회씩 하는 식으로 그 강도가 점차 높아졌다.

원자가 세자가 되면 그 교육 방식도 더욱 적극적으로 변화하였다. 세자나 세손이 되었다는 것은 바로 차기 국왕이 결정되었다는 것을 의미하기 때문에 장차 국왕으로서 갖추어야 할 학문과 덕성에 대한 교육을 본격적으로 실시하였다. 교육 전담 기관으로 세자의 경우에는 시강원을, 세손의 경우에는 강서원이란 기관을 설치하였다. 그리고 세자를 위한 교육을 '서연'이라 불렀다. 시강원에는 국가의 최고위급 관리가 임명되어 교육을 관리하였고 '서연'을 담당하는 관리는 학문과 덕망을 고루 갖춘 인물을 선발하였다.

세자나 세손이 왕위에 즉위하면 바로 국왕을 위한 교육인 '경연'이 시작되었다. 조선시대의 경연은 고위 관리가 국왕에게 경전과 역사서를 가르쳐 유교의 정치 규범을 실천하게 할 목적으로 운영되었다. 하루에 5번까지 경연의 자리를 마련할 수 있었는데, 세종이나 성종은 국왕이 된 후 매일 경연에 참석했던 것으로 전해지며 52년간 왕위에 있었던 영조대에는 총 3천여 회에 이르는 경연에 관한 기록이 있다.

---

* 세자 : 왕위를 이을 왕자. 왕세자의 준말
* 원자 : 아직 세자에 책봉되지 않은 임금의 맏아들.
* 세손 : 왕세자의 맏아들. 왕세손의 준말.

1. 위 글의 중심 내용은 무엇입니까? (　　　)

❶ 조선 시대 국왕을 위한 교육은 체계적이었다.
❷ 세자의 초등 교육은 한자 교육을 중심으로 이루어졌다.
❸ 조선 시대 경연은 국왕을 위한 교육이었다.
❹ 학문과 덕망을 고루 갖춘 인물이 세자의 교육을 담당하였다.

2. 왕자가 태어나 왕이 될 때까지 교육을 실시하는 기관의 이름을 순서대로 쓰십시오.

보양청 → ______ → ______ 또는 ______

3. 위 글에서 언급한 것 이외에 한 나라의 통치자가 되기 위해서는 어떤 교육을 받아야 하는지 여러분의 생각을 쓰십시오.

한 나라의 통치자가 될 사람이라면 ______________ 교육을 받아야 한다고 생각한다.

듣고 말하기

CD: 08

※ 다음을 듣고 질문에 답하십시오.

1. 이 이야기의 중심 내용은 무엇입니까? (　　　)

❶ 학교 도서관은 학교 교육에서 매우 중요한 역할을 한다.
❷ 학교 도서관이 교육 공동체와 지역 공동체를 변화시켰다.
❸ 학교 도서관 건립을 위해 시민 단체가 적극적으로 나섰다.
❹ 학교 도서관을 지역 문화 센터로 키워야 한다.

2. 들은 내용과 다른 것은 무엇입니까? (　　　)

❶ 의식 있는 학생들이 '좋은 학교 도서관 만들기 사업'을 주도했다.
❷ 충북 옥천의 한 초등학교에서는 지역 주민들이 도서관을 살리고 지역의 문화 센터로 만드는데 큰 역할을 했다.
❸ 도서관을 활성화하고 이용하고 운영하는 과정에서 주민 자치의 경험을 쌓게 되었고 주민들의 삶이 풍요로워졌다.
❹ 강원도 홍천의 한 중학교 학생들은 매일 스스로 책을 읽으면서 사고력과 발표력이 향상됐다.

3. 도서관이 지역 사회에 기여할 수 있는 구체적인 방법에 대해서 이야기해 봅시다.

YONSEI KOREAN WORKBOOK 5

관용어 3

21. 가지를 치다

1) 가지가 번식하다. 하나의 근본에서 딴 갈래가 생기다.

2) 가지를 베어내다. 필요 없는 것을 없애다.

- 소문이 가지를 쳐서 크게 부풀었다.
- 그렇게 많은 일들을 어떻게 다 하니? 가지를 쳐!

22. 값을 치르다

마땅히 주어야 할 돈이나 값을 내어주다.

- 잘못을 저질렀으면 그만한 값을 치러야 한다.

23. 거울삼다

남의 일이나 지나간 일을 보아 본받거나 경계하다.

- 지난 해 대선의 실패를 거울삼아 이번 총선에서는 기필코 승리합시다.

24. 걸음마 단계

어떤 일의 과정에서 시작 단계.

- 인공 장기 이식 분야의 연구는 아직 걸음마 단계이다.

25. 고개를 돌리다

어떤 사람, 일, 상황 따위를 외면하다.

- 이번 여름에 극장가에는 공포 영화가 쏟아져 나왔다. 그러나 지루한 스토리 전개와 미숙한 연기에 관객들은 고개를 돌렸다.

26. 기를 죽이다/기가 죽다

남의 기세를 꺾다.

- 링 위에 오른 두 선수는 서로 상대방의 기를 죽이려고 눈싸움을 하고 있다.

27. 등을 돌리다

뜻을 같이하던 사람이나 단체와 관계를 끊고 배척하다.

- 대형 스캔들이 터지자 그 배우의 팬들마저 등을 돌렸다.

28. 무릎을 꿇다

항복하거나 굴복하다.

- 편의점 판매 1위였던 바나나맛 우유가 3년 만에 200원짜리 사탕에 무릎을 꿇었다.

29. 발목이(을) 잡히다/발목을 잡다

1) 어떤 일에 꽉 잡혀서 벗어나지 못하다.

2) 남에게 어떤 약점이 잡히다.

- 연세 오픈 골프 대회에서 1위를 달리던 신강타 선수가 퍼트에 발목이 잡혀 타이틀 방어에 실패했다.
- 사장은 전과 사실을 빌미로 그의 발목을 잡고 협박을 했다.

30. 발을 맞추다

보조를 맞추다.

- 경제 발전에 발을 맞추어 정치도 발전을 해야 한다.

관용어 연습 3

21. 생각이 자꾸 ______________ 다 보니 지금 생각할 필요가 없는 것까지 신경 쓰게 되어 머리가 복잡했다.
이번 인사 조치는 불필요한 인원을 ______________ 기 위한 조치이다.

22. 신나는 댄스 음악에 ______________ 어/아/여 춤을 추다 보니 스트레스가 풀렸다.
시대의 변화에 ______________ 어/아/여 낡은 제도를 개선해야 한다.

23. 중국어를 배우기는 하지만 아직 ______________ 이어서/여서 겨우 인사 정도밖에 할 수 없다.
친환경 자동차와 바이오 에너지 개발은 아직 ______________ 이다.

24. 자라는 아이의 ______________ 지 않도록 잘못을 타이르는 것이 바람직한 교육 방법이라고

생각한다.
이번 합창 대회에서 일등을 노리던 우리 반은 다른 반의 월등한 합창 실력에 ______________
______________ 고 말았다.

25. 체력 부족으로 패배한 지난 번 경기의 실패를 ______________ 어/아/여 그 선수는 체력 보강 훈련에 돌입했다.
아이들은 부모를 ______________ 어서/아서/여서 행동하기 때문에 부모의 말씨나 행동은 매우 중요하다.

26. 남편이 들어왔는데도 아내는 ______________ 고 앉아서 말도 하지 않았다.
성공할 수 있도록 도와주고 뒷받침해 준 사람에게 ______________ 다니!

27. 물건을 고른 뒤 ______________ 으려고/려고 계산대에 갔다.
사회적 도덕적으로 물의를 일으킨 사람은 반드시 ______________ 어야/아야/여야 한다.

28. 요즘 외국 드라마에 빠진 20대가 국내 드라마에 ______________ 자 중년층을 겨냥한 드라마들이 계속 방송되고 있다.
현재 벌어지고 있는 참혹한 현실에 ______________ 고 싶었다.

29. 대통령은 들끓는 국민의 반대 여론에 ______________어야/아야/여야 했다.

혈전을 벌였지만 결국 상대팀에 ______________고 말았다.

30. 꾸준히 성장해 오던 우리 회사의 수출이 최근에 벌어진 노사 갈등으로 인해 ______________ ______________었다/았다/였다.

지나친 규제가 지방 자치 발전의 ______________고 있다.

제 9 과 자연과 환경

9과 1항

어휘

1. 다음 [보기]에서 알맞은 표현을 골라 빈 칸에 쓰십시오.

[보기]	형용하다	솟다	눈에 선하다	반하다	정기	만끽하다
	위용	풍모	태초	산세	압도당하다	
	경이롭다	유유히	넘보다	흩어지다	보잘 것 없다	

작년에 금강산에 갔었다. 말로만 듣던 금강산의 모습은 말로 (형용할)~~을/ㄹ~~ 수 없을 정도로 아름다운 (　　　　)의 모습을 그대로 간직하고 있었다. 험준한 (　　　　), 일만이천봉이라 불리우며 하늘을 찌를 듯이 높이 (　　　　)어/아/여 있는 수많은 봉우리, 깊은 계곡 사이를 굽이쳐 흐르는 청정계류 등, 산의 절경들이 아직도 (　　　　)는다/ㄴ다/다. 그 끝없이 펼쳐진 신비롭고 (　　　　)는/은/ㄴ 모습에 나는 (　　　　)었다/았다/였다. 속세의 인간이 다가서기엔 두려운 기암괴석의 장엄한 (　　　　)와/과 (　　　　)을/를 보며 자연이란 인간이 함부로 (　　　　)을/ㄹ 수 있는 상대가 아님을, 인간 존재의 (　　　　)음/ㅁ을 느끼기도 했다. 산 정상에서 저 멀리 보이는 동해바다 위로 고깃배가 (　　　　) 흐르던 모습, 계곡 아래로 떨어지며 (　　　　)던 폭포수의 아름다움도 잊을 수 없다. 또한 금강산을 안내하던 북한 아가씨의 해맑은 눈빛과 수줍은 자태에 첫눈에 (　　　　)기도 했다. 지난 여행은 금강산의 (　　　　)을/를 제대로 (　　　　)게 해 준 나에게 둘도 없는 소중한 기회였다.

2. 다음 [보기]에서 알맞은 단어를 골라 빈 칸에 쓰십시오.

[보기]				
육지	대륙		펼쳐지다	수려하다
산맥	들판		떨어지다	광활하다
사막	동굴	화산	생기다	장엄하다
대양	빙하		폭발하다	황량하다
폭포	호수			거칠다
샘	온천			메마르다

❶ 남극은 세계에서 가장 (황량한)~~는/은/ㄴ~~ ( )이다. 남극의 전체는 2%를 제외하고 모두 얼음으로 둘러싸여 있는데, 이 얼음은 매우 두껍고 알프스 ( ) 만큼이나 넓고 ( )다.

❷ 전남의 남쪽 끝자락에 자리 잡아 ( )와/과 바다를 구분하는 것처럼 우뚝 선 월출산은 서해에 인접해 있고 달을 가장 먼저 맞이하는 곳이란 뜻에서 유래됐다. 사방 1백리에 큰 산이 없어 ( )에 홀로 선 듯한 월출산은 금강산을 떼어온 듯 기암절벽이 ( )고 아름다운 돌산이다. 서해를 배경으로 ( )는/은/ㄴ 일몰풍경은 매우 ( )는/은/ㄴ 느낌을 준다.

❸ 71세인 저자가 그림책의 가치를 다시 발견하게 된 시기는 25세인 아들이 세상을 떠난 후 마음이 ( )다 못해 ( )으로/로 변해 버린 인생 후반이었다. 그림책과의 만남은 생명의 ( )이/가 되었다고 한다.

❹ 세계 최대 규모의 석회( )인 제주도의 용천동굴은 지금으로부터 약 40만 년 전 주변의 ( )이/가 ( )으면서/면서 분출된 용암에 의해 ( )었다고/았다고/였다고 한다.

❺ 그 탐험대는 ( )는/은/ㄴ 파도가 몰아치는 ( )을/를 거쳐 ( )으로/로 뒤덮인 남극대륙에 도착했다.

❻ 백두산 천지에는 안개 낀 날이 많고 여름에는 비가 내리기 일쑤이며 강풍이 불 때는 약 0.5m~1m의 파도가 친다. ( )의 물은 북쪽으로부터 흘러나온다. 그 가까이에 높이 약 70m의 ( )이/가 ( )고 있고 백두봉 산록에는 수온 73℃의 ( )이/가 솟고 있다.

문법

-으리라 생각하던/이야기하던/말하던

3. 남북통일 후 수십 년 만에 고향을 방문한 실향민과의 인터뷰입니다. 다음 표를 보고 '-으리라 생각하던/이야기하던/말하던'을 사용해 대화를 완성하십시오.

다　짐	실현된 일 / 감상
❶ 죽기 전에 꼭 한번 찾아오겠다	고향에 왔다/이제 죽어도 여한이 없다
❷ 고향에 꼭 돌아가겠다	부모님의 유골을 고향에 묻어드렸다
❸ 꼭 만나겠다	작은 아버님과 사촌들을 만났다/너무 기뻤다
❹ 언젠가 꼭 찾아보겠다	어릴 적 소꿉친구를 만났다
❺ 고향에 가서 꼭 먹어보겠다	냉면, 만두 등을 실컷 먹었다
❻ 다시 한 번 가보겠다	고향 근처의 바닷가에 꼭 가보고 싶다

기　자 : 감격스러우시겠습니다. 오랜만에 고향에 돌아오시니 어떻습니까?

실향민 : ❶ 죽기 전에 꼭 한 번 찾아오리라 ~~으리라/리라~~ 생각하던 고향에 왔으니 이제 죽어도 여한이 없습니다.

기　자 : 고향에 오셔서 가장 먼저 하신 일은 무엇인지요?

실향민 : ❷ ________ 으리라/리라 이야기하시던 ________.
이제 부모님께서도 하늘나라에서 편히 눈을 감을 수 있으실 겁니다.

기　자 : 친척 분들은 만나보셨습니까?

실향민 : 네, ❸ ________ 으리라/리라 생각하던 ________.
작은 아버님은 전쟁 통에 미처 월남을 못하셨거든요.

기　자 : 정말 기쁘셨겠습니다. 어릴 적 친구 분들도 찾아보셨습니까?

실향민 : 네, ❹ ________ 으리라/리라 생각하던 ________.
아직도 어릴 적 모습이 많이 남아 있어서 얼마나 반가웠는지 모릅니다.

기　자 : 고향에 오셔서 고향 음식은 드셔보셨나요?

실향민 : 네, 그럼요. ❺ ________.
남한에서는 맛볼 수 없었던 고향의 맛을 그대로 간직하고 있어서 너무 맛있게 먹었어요.

기　자 : 이야기를 들으니 저도 막 먹고 싶어지네요. 어디에 또 가보실 계획이신지요?

실향민 : ❻ ________________. 어렸을 때 가족들과 물놀이를 하던 곳이거든요. 가서 어렸을 때의 추억에 잠겨 보고 싶어요.

4. 관계있는 것을 연결하고 누가 하는 말인지 찾아서 '-으리라 생각하던/이야기하던/말하던'을 사용해 문장을 만드십시오.

❶ 언젠가 올라 보겠다 •	• 베토벤 피아노 소나타 전곡 연주회를 마치게 되어 너무나 기쁘다
❷ 기필코 사겠다 •	• 에베레스트 정상에 오르니 꿈만 같다
❸ 언젠가 정복하겠다 •	• 9.5초의 벽을 깨다니 믿어지지 않다
❹ 반드시 최고의 자리에 올라가겠다 •	• 전 세계를 제패하게 되어 가슴이 벅차다
❺ 고국의 팬들에게 보여 드리겠다 •	• 꿈의 스포츠카를 사게 되어 너무 즐겁다
❻ 언젠가 뛰어넘다 •	• 제 꿈은 이뤄졌지만 책임감에 어깨가 무겁다

❶ 등 반 가 : 언젠가 올라 보리라 ~~으리라/리라~~ 생각하던 에베레스트 정상에 오르니 꿈만 같습니다.

❷ 피아니스트 : ________________ 으리라/리라 이야기하던 ________________.

❸ 100M 육상선수 : ________________ 으리라/리라 말하던 ________________.

❹ 기업 최고경영자 : ________________ 으리라/리라 생각하던 ________________.

❺ 자동차 애호가 : ________________ ________________.

❻ 칭기즈칸 : ________________ ________________.

YONSEI KOREAN WORKBOOK 5

-을 수 없으리만치

5. 다음 [보기]에서 알맞은 표현을 골라 문장을 완성하십시오.

[보기]		
얼굴을 들다	뭐라고 말하다	한 치 눈앞을 가늠하다
일일이 열거하다	잠을 이루다	감히 바라보다

❶ 그런 어이없는 실수를 하고 나니 ______얼굴을 들______ ~~을/ㄹ~~ 수 없으리만치 부끄러웠습니다.

❷ 여신으로 분장한 그 여배우의 모습은 ____________ 을/ㄹ 수 없으리만치 숭고하고 고귀하게 느껴졌습니다.

❸ 그 사람을 먼저 하늘나라로 보낸 후 ____________ 을/ㄹ 수 없으리만치 고통스러운 밤들을 보냈습니다.

❹ 시베리아 벌판은 ____________ 을/ㄹ 수 없으리만치 살을 에이는 혹독한 눈보라가 휘몰아치고 있었습니다.

❺ 지금 우리 사회는 교육 문제, 환경오염 문제, 주택 문제, 과소비 문제, 교통 문제 등 ____________ 을/ㄹ 수 없으리만치 많은 문제가 산적해 있습니다.

❻ 그 친구의 갑작스런 사망 소식을 접하고 ____________ 을/ㄹ 수 없으리만치 큰 충격을 받았습니다.

6. 관계있는 것을 연결하고 '-을 수 없으리만치'를 사용해 문장을 만드십시오.

❶ 밤하늘의 별들 •	• 잊다 •	• 아름다운 광경이 펼쳐지고 있었다
❷ 영화의 마지막 장면 •	• 세다 •	• 많아서 쏟아질 것만 같았다
❸ 6월의 베트남 •	• 오늘날의 연예인과 비교하다 •	• 이상한 행동을 보이는 사람을 말한다
❹ 비행기의 창밖 •	• 보통사람들이 이해하다 •	• 덥고 축축한 날씨가 계속되었다
❺ 사이코 •	• 믿다 •	• 감동적이고 인상적이었다
❻ 조선시대의 기생 •	• 참다 •	• 풍부한 학식과 예술적 재능을 지녔다

❶ 밤하늘의 별들이 셀 ~~을/ㄹ~~ 수 없으리만치 많아서 쏟아질 것만 같았다.

❷ ______________________ 을/ㄹ 수 없으리만치

______________________.

❸ ______________________ 을/ㄹ 수 없으리만치

______________________.

❹ ______________________ 을/ㄹ 수 없으리만치

______________________.

❺ ______________________

______________________.

❻ ______________________

______________________.

9과 2항

어휘

1. 다음 [보기]에서 알맞은 단어를 골라 빈 칸에 쓰십시오.

[보기]	훼손	실태	터전	근시안적이다
	무분별하다	물려주다	분리	수거

❶ 국회 여성위원회는 2008년 보고서에서 비정규직 여성 노동자의 (　실태　)을/를 조사하고 여러 문제점을 지적하였다.

❷ 머리가 붙은 채 태어난 필리핀 출신의 두 살짜리 샴쌍둥이 형제가 뉴욕의 한 병원에서 성공적인 (　　　　) 수술을 받았다.

❸ 그 경제 전문가는 현재 한국 경제의 위기가 은행이 과도하게 단기 외채를 끌어와 (　　　　)게 부동산 대출을 해준 것에서 기인한다고 설명했다.

❹ 다른 사람을 비방하기 위해 인터넷을 통하여 허위 사실을 유포하면 사이버 명예 (　　　　) 죄로 고발당할 수도 있다.

❺ 오스트리아 그라츠 시에서는 지역 내 폐식용유를 (　　　　)해 바이오디젤을 만든다. 그라츠 시의 모든 버스와 택시의 60% 이상이 이 연료로 운행되고 있다.

❻ 지구온난화로 인해 얼음이 녹으면서 북극 동물들은 점차 삶의 (　　　　)을/를 잃어가고 있다.

❼ 환경을 잘 보존하여 우리의 후손들에게 깨끗한 환경을 (　　　　)어/아/여 줍시다.

❽ 그 어머니는 아이가 미지의 세계에 대해 무작정 거부하기보다는 과감히 도전하도록 했고 두려움 또는 (　　　　)는/은/ㄴ 사고로 좁은 인생관을 갖지 않도록 교육시켰다.

2. 다음 [보기]에서 알맞은 표현을 골라 빈 칸에 쓰십시오.

[보기]	환경파괴의 원인 :	자연개발	오염물질	폐수
		폐기물	일회용품	배기가스/매연

❶ 동네 뒷산을 깎아 아파트를 건설하였다. (　자연개발　)

❷ 공장에서 수은, 카드뮴 등이 포함된 물을 배출하였다. (　　　　)

❸ 자동차의 기름이 연소될 때 이산화탄소, 이산화황 등의 유독한 성분이 나온다. (　　　　)

❹ 패스트푸드점에서 편리성을 위해 종이컵, 플라스틱 수저 등을 쓴다. (　　　　)

❺ 산업, 건설 현장에서 사용하고 남은 원료, 재료 등은 버린다. (　　　　)

❻ 공기, 물, 땅을 더럽히는 것으로 생태계를 파괴한다. (　　　　)

[보기] 환경파괴의 현상 : 대기/수질/토양 오염 이상기후 해수면 상승 온실효과 지구온난화 산성비 오존층 파괴 소음공해

❶ (대기오염)을/~~를~~ 일으키는 것은 자동차의 매연, 공장의 연기, 석유 · 석탄의 가스 등이다.

❷ 생활 폐수에서 나오는 합성세제가 (   )의 주범이라고 한다.

❸ 농약의 과다 사용, 도시 및 산업 폐기물, 쓰레기 등에 의하여 (   )이/가 야기된다.

❹ 자동차, 기차, 항공기, 공장, 건설 공사장 등에서 나는 시끄러운 소리는 (   )을/를 일으킨다.

❺ (   )의 주된 물질은 냉장고, 에어컨 등의 냉매, 드라이클리닝 용제에 이용되는 프레온 가스와 소화기에 사용되는 할론 가스 등이다.

❻ 자동차나 공장에서 뿜어져 나오는 매연 중 이산화탄소, 프레온 가스, 메탄으로 인해 지구를 둘러싼 대기가 온실의 유리 역할을 하는 (   )이/가 심화된다.

❼ 지구 대기 온도가 점점 높아지는 (   )의 직접적인 원인은 온실효과 때문이다.

❽ 지구온난화로 인해 빙하가 점점 녹아 바다에 유입되면서 (   )을/를 야기한다.

❾ 산업발달로 인한 인위적인 자연 파괴로 폭염, 폭설, 엘니뇨, 라니냐 등의 (   )이/가 나타나게 되었다.

❿ 각종 공장, 화력 발전소, 자동차, 가정에서 석유나 석탄 등의 연료를 태울 때 발생한 산성 물질이 공기 중으로 배출되어 비에 녹아내림으로써 (   )을/를 내리게 한다.

[보기] 환경보호의 방법 : 환경보호법을 제정하다 재활용하다 개발을 규제하다 대체 에너지를 개발하다

❶ 환경을 보호하기 위해서는 개개인의 노력도 중요하지만 지속가능한 개발 정책을 수립하고 (환경보호법을 제정하)는/~~은/ㄴ~~ 등의 국가 차원의 노력이 필수적이다.

❷ 그린벨트는 (   )는/은/ㄴ 대표적인 정책으로 도시의 무질서한 확산을 방지하고 자연 환경을 보존하기 위하여 개발 제한 구역을 지정하는 것이다.

❸ 기업들은 석유 자원의 고갈에 대비하고 친환경적인 경영을 하기 위해 태양열, 풍력, 바이오디젤, 바이오 에탄올 등의 (   )는 데 열을 올리고 있다.

❹ 각 가정에서는 쓰레기를 함부로 버리지 말고 유리, 종이, 플라스틱 등 (   )을/ㄹ 수 있는 것들은 따로 버려야 한다.

문법

–을 줄만 알았지

3. 관계있는 것을 연결하고 누가 받는 비난인지 찾아서 '–을 줄만 알았지'를 사용해 문장을 만드십시오.

❶ 돈을 악착같이 모으다 •	• 다른 사람에게 베풀 줄은 모르다
❷ 환경을 개발하다 •	• 어떤 것도 실천에 옮길 줄 모르다
❸ 자기에게 유리한 기회를 이용하다 •	• 남편을 따뜻하게 감싸줄 줄 모르다
❹ 열심히 공부하다 •	• 의리와 신의를 지킬 줄 모르다
❺ 남편에게 바가지를 긁다 •	• 친구들과 같이 어울려 놀 줄 모르다
❻ 자신의 행복을 위해 꿈꾸다 •	• 무엇이 진짜 인간과 환경을 위한 것인 줄은 모르다

❶ 구두쇠 : 돈을 악착같이 모을 ~~을/ㄹ~~ 줄만 알았지 다른 사람에게 베풀 줄은 몰라 .

❷ 공부벌레 : ______ 을/ㄹ 줄만 알았지 ______ .

❸ 악처 : ______ 을/ㄹ 줄만 알았지 ______ .

❹ 몽상가 : ______ 을/ㄹ 줄만 알았지 ______ .

❺ 기회주의자 : ______

______ .

❻ 환경개발론자 : ______

______ .

4. '–을 줄만 알았지'를 사용해 대화를 완성하십시오.

❶ 가 : 저기 좀 보세요. 이렇게 아름다운 계곡에 쓰레기가 곳곳에 버려져 있어요.

나 : 사람들이 이런 공기 좋고 물 좋은 곳에 와서 먹고 마시며 놀 줄만 알았지~~을/ㄹ 줄만 알았지~~ 자기 쓰레기는 가져갈 줄 모르나 봐요.

❷ 가 : 그 사람하고 대화하면 답답해 죽겠어요. 제 이야기는 듣지를 않아요.

나 : ______ 을/ㄹ 줄만 알았지 ______ .

❸ 가 : 자식은 부모님으로부터 사랑 받기만을 바라는 존재인 것 같아요.

나 : ______ 을/ㄹ 줄만 알았지 ______ .

④ 가 : 정치인들은 다 그 밥에 그 나물인 것 같아요.
나 : ______________ 을/ㄹ 줄만 알았지 ______________.

⑤ 가 : 요즘 젊은이들은 너무 현실에 안주하는 듯한 인상을 줍니다.
나 : ______________.

⑥ 가 : 한국의 왜곡된 사교육 시장을 보면 분통이 터집니다.
나 : ______________.

-을 게 아니라

5. 관계있는 것을 연결하고 누구에게 하는 조언인지 찾아서 '-을 게 아니라'를 사용해 문장을 만드십시오.

① 자기 입장에서만 생각하다 • ······ • 남을 배려하는 태도를 지니도록 노력해봐.
② 실수하는 것을 두려워하다 • • 자신이 처한 현실도 고려해야 합니다.
③ 사회적 지위의 높이만 생각하다 • • 긍정적인 마음가짐을 가져 보세요.
④ 무조건 안 된다고 생각하다 • • 다른 나라의 다양한 문화도 인정해야지요.
⑤ 높은 이상만 추구하다 • • 실수에서도 배울 수 있다는 자세를 가져야 해.
⑥ 자기 나라의 문화만 옳다고 고집하다 • • 자신의 행복의 깊이를 생각해야 해요.

① 이기주의자 : 자기 입장에서만 생각할 ~~을/ㄹ~~ 게 아니라 남을 배려하는 태도를 지니도록 노력해봐.

② 이상주의자 : ______________ 을/ㄹ 게 아니라 ______________.

③ 비관주의자 : ______________ 을/ㄹ 게 아니라 ______________.

④ 출세주의자 : ______________ 을/ㄹ 게 아니라 ______________.

⑤ 완벽주의자 : ______________ ______________.

⑥ 문화적 국수주의자 : ______________ ______________.

6. '-을 게 아니라'를 사용해 대화를 완성하십시오.

❶ 가 : 나라에서 혜택 받는 건 아무 것도 없는 것 같은데 군대에 꼭 가야 하는 거야?

나 : 국가가 당신을 위해 무엇을 해줄 수 있는가를 물을 ~~을/ㄹ~~ 게 아니라 당신이 국가를 위해 무엇을 할 수 있는지 생각해 보라는 말도 있잖아.

❷ 가 : 저는 쌀 씻은 물을 그대로 버리는데 다른 용도로 쓰기도 하나요?

나 : .... 을/ㄹ 게 아니라 .... 아주 맛있는 된장찌개를 만들 수 있답니다.

❸ 가 : 말만한 처녀가 전화도 안하고 외박을 하다니!!

나 : 아빠, ... 을/ㄹ 게 아니라 .... 다 그럴 만한 사정이 있었어요.

❹ 가 : 저는 상사가 부당하게 화를 내거나 소리 지르면 아무 말도 못합니다. 너무 참다 보니 화병이 날 정도예요.

나 : .... 을/ㄹ 게 아니라 .... 그게 정신 건강에 좋습니다.

❺ 가 : 교통 혼잡을 막기 위해 승용차 요일제를 의무적으로 실시하는 게 어떻습니까?

나 : ....

❻ 가 : 진실을 더 이상 파헤쳐 봤자 서로에게 상처만 될 텐데 그냥 이 정도 선에서 넘어가는 게 어때요?

나 : ....

9과 3항

읽고 말하기

※ 다음 글을 읽고 질문에 답하십시오.

나사(NASA · 미국항공우주국)의 기후 관측에 따르면 온난화의 지표가 되는 북극 빙하가 2012년이면 모두 녹을 수 있다고 한다. 영구 동토층의 해빙과 함께 단기간 내에 기온이 급상승할 가능성이 크다는 보고도 있다. 지구온난화로 인해 1년에 5만 5000종의 생물들이 멸종 위기에 처해 있다고 한다. 이런 위험은 향후 1~2년 안에 신속하게 대처하지 않으면 되돌릴 수 없다는 게 기후 과학자들의 경고이다.

지구온난화 문제는 인류의 생존이 달린 문제이며 이를 해결하는 것은 전 인류의 사명이다. 최근 정부가 저탄소 녹색 성장을 제시하고 실천위원회를 발족시킨 것은 평가할 만한 일이다. 문제는 전문가나 정부의 노력이 결실을 맺기까지 시간이 걸린다는 것이다.

현재의 소비 패턴은 자원 고갈과 환경 파괴의 심각한 원인이 되고 있다. 그 근본 원인에 자연과 생명을 자신과 별개로 보는 사고방식이 자리하고 그 정점에 생명을 상품화하고 소비하는 육식 문화가 존재한다. 채식은 밥상에서 이웃과 생명 환경을 생각하는 깨어 있는 소비 패턴이며 채식으로의 전환은 사고방식 즉, 문화의 전환이다.

유엔은 육류 생산과 소비가 삼림 파괴, 지구온난화 및 대기와 수질 오염, 사막화와 생물 다양성 파괴의 중대한 원인이라고 보고하고 있다. 지구 전체 온실 가스 방출량의 18%가 육류 생산에 의한 것으로, 이는 전 세계 자동차 비행기 선박 등 모든 교통수단이 배출하는 13.5%보다 훨씬 많다. 아마존 열대우림의 70%가 가축 사육과 가축 사료를 위해 불태워졌다.

세계야생기금(WWF)이 선정한 825곳의 주요 생태지역 가운데 306곳이 가축 사육으로 파괴되었다. 지구 육지의 30%가 축산용이고, 전 세계가 생산한 콩의 90%, 곡물의 3분의 1은 사료로 쓰인다. 연간 550억 마리 이상의 동물들이 도살된다. 이런 상황 속에서 채식은 밥상에서 지구 온난화를 비롯한 환경 문제를 총체적으로 변화시킬 수 있다. 각종 오염을 줄이고 자원을 보존한다. 생명의 존엄성을 바탕으로 모든 생물의 공존을 추구할 때 지속 가능한 발전이 가능하다.

환경부 조사에 따르면 국민의 65%가 채식을 온난화를 해결하는 하나의 방법으로 인식하고 있다. 농촌진흥청도 최근 보고서에서 헥타르 당 인구 부양 능력을 비교할 때 돼지고기 1.3명, 소고기 0.3명에 비해 고구마는 26명, 쌀은 20명에 달한다며 매년 경작지가 줄어들고 곡물 자급률이 낮은 상황에서 식량 위기에 대한 방안으로 채식주의자의 주장이 합리적이라는 것을 인정하였다. 채식은 국민 개개인이 당장에 실천할 수 있고 정부와 시장의 온난화 대책이 자리 잡기까지 시간을 벌어준다는 점에서 저탄소 녹색 성장의 정책으로 적극 검토할 필요가 있다.

1. 위 글의 중심 내용은 무엇입니까? (　　　)

❶ 지구온난화로 많은 생물이 멸종 위기에 처해 있다.
❷ 최근 정부의 저탄소 녹색성장 대책은 시기적절하다.
❸ 채식으로 식량 위기를 극복할 수 있다.
❹ 채식이 지구온난화 방지에 도움이 된다.

2. 위 글의 내용으로 맞지 않는 것은 무엇입니까? (　　　)

❶ 영구 동토층이 녹아 짧은 시간 안에 기온이 상승할 가능성이 있다.
❷ 육식 문화가 자원 고갈과 환경 파괴의 심각한 원인이 되고 있다.
❸ 육류 생산으로 인한 온실가스 배출량이 교통수단으로 인한 배출량보다 많다.
❹ 곡물류가 육류에 비해 같은 토지 면적 당 부양할 수 있는 인구수가 적다.

3. 지구온난화를 막기 위해 국민 개개인이 당장 실천할 수 있는 방안으로 어떤 것들이 있습니까? 이야기해 봅시다.

듣고 쓰기

CD: 09

※ 다음은 TV 프로그램 '제주 올레길 탐방'에서 리포터가 제주 올레 사무국장과 이야기를 나누는 장면입니다. 듣고 질문에 답하십시오.

* 올레 : 큰길에서 집까지 이르는 골목을 의미하는 제주 방언
* 바당 : '바다'의 제주 방언
* 와랑와랑 : 어떤 사물이 풍성하게 매달려 있거나 모여 있는 것에 대한 제주도식 표현

1. 두 사람은 무엇에 대해 이야기하고 있습니까? (   )

❶ 황홀한 제주의 바당길　　❷ 사색을 부르는 제주의 들판
❸ 거꾸로 걷는 제주 올레길　　❹ 실크 같은 제주의 백사장

2. 제주 올레길에서 두 사람이 본 것을 <u>모두</u> 고르십시오.

절벽	백사장 해안길	현무암 해안길	화산
돌 도구리	푸른 평원	바다 풍경	생이기정

3. 여러분의 나라에서 자연 경관이 아름다운 곳을 하나 골라 묘사하는 글을 쓰십시오.

YONSEI KOREAN WORKBOOK 5

관용어 4

31. 빛을 보다

업적이나 보람 따위가 드러나다.

- 그의 작품은 오랫동안 세상에 알려지지 않았으나 이번에 빛을 보게 되었어요.

32. 배가 부르다

만족하다.

- 잔칫상 위에 놓여 있는 많은 음식들을 보니 먹지 않아도 배가 불렀다.

33. 뿌리를 뽑다

어떤 것이 생겨나고 자랄 수 있는 근원을 없애 버리다.

- 부정부패를 뿌리 뽑자!

34. 손이 (많이) 가다

어떤 일을 하는 데 수고가 많이 들다.

- 한지를 만드는 일은 손이 많이 가는 일이에요.

35. 손발이 맞다

함께 일을 하는 데에 마음이나 의견, 행동 방식 따위가 서로 맞다.

- 일의 능률을 올리려면 같이 일하는 사람들끼리 손발이 맞아야 한다.

36. 시치미를 떼다

자기가 하고도 하지 아니한 체하거나 알고 있으면서도 모르는 체하다.

- 그 사람은 모든 사실을 알고 있으면서도 모른다고 시치미를 뗐다.

37. 얼굴 깎이다

체면이 손상되다.

- 밖에 나가서 부모 얼굴 깎이는 짓은 하지 마라.

38. 입을 모으다

한결같이 말하다, 같은 의견을 말하다.

- 그 사람이 이번 프로젝트의 팀장을 맡아야 한다고 모두 입을 모았다.

39. 마침표를 찍다

끝내다, 마치다.

- 내일이면 그간의 외로웠던 독신 생활에 마침표를 찍는다.

40. 찬물을 끼얹다

잘되어 가고 있는 일에 뛰어들어 분위기를 흐리거나 공연히 트집을 잡아 훼방을 놓다.

- 주연 여배우의 마약 복용 사건은 그 드라마의 인기에 찬물을 끼얹었다.

관용어 연습 4

31. 구절판은 만들 때 ______________ 는/은/ㄴ 음식이다.

유기 농산물은 일반 농산물을 재배할 때보다 ______________ 는다/ㄴ다/다.

32. 절대로 부모님 ______________ 는/은/ㄴ 일을 해서는 안 된다.

상대방이 잘못했다 하더라도 네가 그렇게 심한 욕을 하면 네 ______________ 는/은/ㄴ거야.

33. 그 아나운서와 해설자는 미리 입을 맞추지 않아도 ______ 이/가 척척 ______ 어요/아요/여요.

그 사람하고는 ______________ 지 않아 같은 팀에서 일하기가 힘들어요.

34. 살아 있을 때는 인정을 받지 못하다가 사후에 ______________ 는/은/ㄴ 예술가도 있다.

이 조치 이후 방송이 금지된 가요 837곡도 다시 ______________ 을/ㄹ 수 있게 되었다.

35. 뇌물 수수는 워낙 은밀하게 이루어지는 것이라 완전히 ______________ 는/은/ㄴ 것은 쉽지 않은 일이다.

부정 선거를 ______________ 기 위해 정부와 시민 단체 그리고 온 국민이 나섰다.

36. ______________ 으면/면 누가 모를 줄 알아? 틀림없이 네가 한 짓이지?

증거를 들이대자 계속 ______________ 고 있던 그 피의자는 사실을 인정했다.

37. 그에 대한 이야기를 꺼내자 모든 사람들이 ______________ 어/아/여 칭찬을 했다.

축구장의 관중들이 ______________ 어/아/여 '박지성'을 연호했다.

38. 대형 비리 사건에 연루된 그 국회의원은 정치인으로서의 생활에 ______________ 게 되었다.

새로운 증거가 발견됨에 따라 검사와 변호사의 치열한 논전에 ______________ 게 되었다.

39. 반찬 투정을 하자 엄마가 ______________ 는/은/ㄴ 소리를 한다고 꾸중을 하셨다.

의젓하게 자란 아이를 보노라면 먹지 않아도 ______________ 어요/아요/여요.

40. 실업률 상승이 경기 회복에 ______________ 었다/았다/였다.

국경선 근처에서 발생한 분쟁 소식은 올림픽으로 들떠 있던 축제 분위기에 ______________ ______________ 었다/았다/였다.

제10과 개인과 공동체

10과 1항

어휘

1. 다음 [보기]에서 알맞은 단어를 골라 빈 칸에 쓰십시오.

[보기]	봉사활동	결식아동	후원하다	재단
	기부하다	수재의연금	십시일반	더불어

개인주의와 이기주의가 팽배한 현대 사회에서도 (더불어) 사는 삶을 실천하는 사람들은 많이 있다. 모처럼 얻은 휴가에 여행을 가는 대신 불우 이웃의 집을 고쳐 주는 (   )을/를 하는 사람들도 있고, 바자회를 열어 모은 돈을 자선 단체에 (   )는/은/ㄴ 사람들도 있다. 또 어떤 회사 직원들은 (   )에게 사랑의 도시락을 지원하기도 한다. 이처럼 서로 나누는 삶은 거창하고 어려운 것이 아니다. 여러 사람들이 조금씩 힘을 모으면 쉽게 한 사람을 도울 수 있다는 (   ) 정신으로 어려움에 처한 사람을 돕는 일은 주변에 많이 있다. 얼마 전 홍수로 인해 재산과 인명 피해를 입은 수재민을 돕기 위해 한 통화에 2,000원하는 ARS로 (   )을/를 모으는 일 등이 그 예이다. 그리고 소액이라도 매달 믿을 수 있는 단체나 (   )을/를 통해 어려운 이웃을 (   )는/은/ㄴ 것도 한 방법이다.

2. 다음 [보기]에서 알맞은 단어를 골라 빈 칸에 쓰십시오.

[보기]						
아동 보호 시설		저소득층 자녀	장애인	기부	물품기증
장애인 시설	보육원	소년소녀가장	영세민	헌혈	장기기증
입양단체	양로원	독거노인	노숙인	무료급식	교육봉사
무료진료소	쉼터	이주 노동자	결혼 이민여성	의료봉사	노력봉사

❶ 서울시 교육위원회는 집안 형편이 어려워 점심을 거르는 (저소득층 자녀)에게 중식비를 지원하기로 했다.

❷ 연세 병원의 일부 의료진은 서울역 일대의 (　　　　)들을 위해 (　　　　)을/를 설치하여 진료와 투약 등 (　　　　)을/를 했다.

❸ 봉사 단체 '참사랑'은 교육의 기회를 제대로 갖지 못한 소외계층 자녀에게 동영상 검정고시 강의와 교재를 무상으로 지원하는 (　　　　)을/를 실천해 왔다.

❹ 가정에서 제대로 보호받지 못하는 아동들이 기거하는 (　　　　)와/과 부모가 없는 아동들이 살고 있는 (　　　　)에는 학용품, 식품 등 필요한 물건이 많다. 우리 회사 봉사단체에서는 이러한 아동들에게 필요한 것을 구입해 (　　　　)을/를 해 오고 있다.

❺ 어린이날을 앞둔 2일 청와대에서는 어린 나이에 가장 역할을 하고 있는 (　　　　)들을 초청해 장학금 전달식을 가졌습니다.

❻ 서울시 보건소는 구강보건의 날을 맞아 (　　　　)을/를 방문하여 중증 (　　　　)들을 대상으로 치과 진료를 실시하였다.

❼ 항공사 직원들로 구성된 사회봉사단은 지난 10일 오후 신촌 식당에서 가족의 보살핌을 받지 못하는 (　　　　), 노숙자 등 600여명을 대상으로 (　　　　) 봉사 활동을 펼쳤다.

❽ (　　　　)에서 어르신들을 위해 공동 점심식사 준비 및 배식, 설거지 등 (　　　　)을/를 하실 분을 모집합니다.

❾ 경기도청에서는 도시 (　　　　)이나/나 저소득층, (　　　　) 임산부들에게 정기적인 영양 교육과 상담은 물론 무료로 보충식품을 제공하는 사업을 시작했다.

❿ 입양 캠페인을 위한 이번 공연의 수익금은 전액 국내 (　　　　)에 (　　　　) 될 예정이다.

⓫ 학교 폭력 문제를 다룬 이 책의 저자는 인세의 일부를 폭력 피해자들을 위한 (　　　　)을/를 만드는 데 기부했다.

⓬ 가톨릭 대학은 추기경이 보여준 사랑을 실천하기 위해 (　　　　) 및 (　　　　) 서약을 위한 부스를 운영한다.

⓭ (　　　　)의 인권과 문화를 다룬 독립 영화제가 부천시에서 열렸다.

문법

-다시피 하다

3. 다음 [보기]에서 알맞은 표현을 골라 문장을 완성하십시오.

[보기]	부동산 거래가 거의 끊기다	방치하다	폐허가 되다
	매일 울다	백지화되다	교통이 마비되다

❶ 처음 유학 왔을 때는 너무 외로워서 ____매일 울____ 다시피 했어요.

❷ 그 도시는 전쟁으로 인해 ________________ 다시피 했다.

❸ 불경기로 인해 ________________ 다시피 했다.

❹ 정권이 바뀌면서 그 법안은 ________________ 다시피 했다.

❺ 그 집은 주인이 거의 ________________ 다시피 해서 폐가처럼 보인다.

❻ 신호등 고장으로 인해 ________________.

4. 다음 [보기]에서 알맞은 표현을 골라 대화를 완성하십시오.

[보기]	살다	폐인이 되다	모든 상을 휩쓸다
	숨어살다	매일 만나다	독점하다

❶ 가 : 영수 씨는 항상 시험에서 정말 좋은 성적을 받아요.
나 : 시험 때에는 도서관에서 ____살____ 다시피 하니까요.

❷ 가 : 희선 씨와 자주 만나세요?
나 : 그럼요, 요즘엔 거의 ________________ 다시피 해요.

❸ 가 : 요즘 영수 씨는 어떻게 지내요?
나 : 지난 번 사업 실패로 거의 ________________ 다시피 했는데, 이젠 안정을 찾았나 봐요.

❹ 가 : 이번 영화제에서 '행복한 인생'이 상을 많이 받았다면서요?
나 : 네, 그 영화가 영화제에서 거의 ________________ 다시피 했어요.

❺ 가 : GL사에서 새로운 컴퓨터 운영 프로그램을 내놨대요.
나 : 지금까지 KS사의 프로그램이 시장을 ________________ 다시피 했는데, 앞으로 어떻게 될지 흥미진진하네요.

⑥ 가 : 스캔들 때문에 한동안 활동을 안했던 그 가수가 다시 앨범을 냈다면서요?
나 : 네, 그 가수는 한동안 사람들을 피해 ______________ 다시피 했는데, 최근에 다시 새 앨범을 냈어요.

-이라도 -을까 보다

5. 다음 [보기]에서 알맞은 표현을 골라 문장을 완성하십시오.

[보기]	입석표를 구입하다	중고차를 사다	소액을 기부하다
	인터넷으로 요약본을 보다	산책을 하다	교외에 가서 바람을 쐬고 오다

❶ 아이가 학교에 들어가니 자동차를 쓸 일이 많아 졌다. 게다가 회사가 먼데다가 대중교통을 이용하면 돌아가기 때문에 시간이 많이 걸린다. 그런데 새 차를 사자니 돈이 모자란다. 중고차~~이라도~~/라도 살까 ~~을까/ㄹ까~~ 보다.

❷ 시간에 쫓기다 보니 책을 읽을 시간도 없다. 이러다가는 세상이 어떻게 돌아가는지도 모를 것 같다. ______________ 이라도/라도 ______________ 을까/ㄹ까 보다.

❸ 일에 쫓기다 보니 고향에 돌아갈 표를 구하지 못했다. 서울역에 알아보니 남은 것은 입석표뿐이었다. ______________ 이라도/라도 ______________ 을까/ㄹ까 보다.

❹ 모처럼 이틀 동안 휴가를 얻었다. 여행을 가기에는 휴가가 좀 짧고 그렇다고 집에서만 쉬자니 아쉬움이 생긴다. ______________ 이라도/라도 ______________ 을까/ㄹ까 보다.

❺ 요즘 너무 바쁘다 보니 운동할 틈이 없다. 그런데 날이 갈수록 살은 찌고, 건강도 나빠지고. 점심 시간에 ______________ 을까/ㄹ까 보다.

❻ 텔레비전을 보니 결식아동을 돕기 위한 모금을 하고 있었다. 나도 여유가 없으니 큰돈은 기부하기 힘들고 ______________ 을까/ㄹ까 보다.

6. 다음 [보기]에서 알맞은 표현을 골라 문장을 만드십시오.

[보기]	혼자서 가 보다	이메일이나 전화로 인터뷰를 하다
	길거리에서 공연을 하다	동생에게 같이 가자고 하다
	싼값에 팔다	문자로 축하 메시지를 보내다

❶ 보고 싶은 영화를 상영하는데 친구들이 모두 바쁘다.

→ 혼자서라도 가 볼까 봐.

❷ 친한 친구 생일인데 만날 시간이 없다.

→ .

❸ 직접 인터뷰를 하면 좋은데 외국에 나가 있다.

→ .

❹ 축제에 같이 갈 파트너가 없다.

→ .

❺ 공연장들이 모두 예약이 끝났다.

→ .

❻ 집을 빨리 팔아야 하는데 요즘 집이 잘 안 팔린다.

→ .

10과 2항

어휘

1. [보기]에서 알맞은 단어를 골라 빈 칸에 쓰십시오.

[보기] 우호 협력 증진 설립 견문

❶ 두 도시는 30여 년간 문화 교류를 통해 (우호) 관계를 유지해 오고 있다.
전통적인 (우호) 관계를 자랑하는 두 학교는 이번 가을에도 친선 경기를 가졌다.

❷ ( )을/를 넓히기 위해서 여행을 많이 하거나 책을 읽는다.
외국어 공부도 하고 ( )도 쌓을 겸 외국에서 1년 정도 머물 계획이다.

❸ 서울시는 양질의 의료 서비스를 제공함으로써 시민들의 건강을 ( )시키기 위해 노력하고 있다.
여성부는 여성의 인권 및 복지를 ( )시키기 위해 여러 가지 사업을 추진한다.

❹ 세계 평화를 위해 국제 연합(UN)을 ( )했다.
소자본으로 회사를 ( )하려면 어떻게 해야 할까요?

❺ 국제 분쟁을 해결하기 위해 UN의 여러 나라들이 ( )하기로 했다.
우리 병원은 심장병 분야에서 최고의 권위를 가진 연세종합병원과 ( )하여 진료하고 있습니다.

2. 다음 [보기]에서 알맞은 단어를 골라 빈 칸에 쓰십시오.

[보기]

산하 기구 NGO(비정부조직) NPO(비영리단체) 민간단체	유니세프(유엔아동기금) 코이카(한국국제협력단) 적십자사 국경없는 의사회 굿네이버스(국제구호 단체)	재해 재난 난민 빈민 기아 식량 의료 보건 위생 구호 구조 지원

❶ 공무원, 군인, 경찰, (민간단체)~~이~~/가 협력하여 수해 복구 작업을 벌이고 있다.

❷ ( )은/는 유엔 ( )으로서/로서 세계 어린이를 돕는 단체입니다. 전쟁 피해 아동의 ( )와/과 저개발국 아동의 복지 향상을 목적으로 설립되었습니다.

❸ 한국과 개발도상국의 우호협력관계 및 상호교류를 증진하기 위해 설립된 ( )은/는 지진, 홍수 등으로 ( )이/가 발생한 지역을 ( )하는 활동을 합니다.

❹ ( )은/는 굶주림 없는 세상, 더불어 사는 세상을 만들기 위해 ( )에 시달리고 있는 ( )층 자녀를 돕는 사업을 벌이고 있다.

❺ ( )은/는 생명과 건강을 보호하며 인간 존중을 보장하는 각종 인도주의 활동을 전개하는 단체입니다.

❻ ( )은/는 국제 민간의료구호단체입니다. 세계 분쟁 지역이나 자연 ( )을/를 입은 곳에서 구호 활동을 펼칩니다. 전쟁으로 인해 ( )이/가 발생할 경우 이들을 위한 ( ) 활동을 벌입니다.

❼ 세계보건기구(WHO)는 ( )와/과 ( ) 분야의 국제 협력 기구입니다. 전염병 발생 시 전문가를 파견하거나 ( ) 기구와 자재를 공급합니다.

❽ 세계식량계획(WFP)은 개발도상국을 대상으로 ( )원조와 긴급 구호 활동을 펼치기 위해 설립된 유엔 산하 기구입니다.

❾ ( )은/는 정부 기관이나 관련 단체가 아닌 순수한 민간 조직을 모두 일컫는 말입니다. ( )은/는 돈을 버는 것을 목적으로 하지 않고 사회 각 분야에서 자발적으로 활동하는 각종 시민 단체를 의미합니다.

문법

-을 통해

3. 다음 [보기]에서 알맞은 단어를 골라 빈 칸에 쓰십시오.

[보기] 대중 매체 전지훈련 라디오 연설 미니홈피 해저터널 이메일

❶ 국가 대표 선수들은 (전지훈련)을/를 통해 체력을 강화했다.

❷ 요즘 ( )을/를 통해 전파되는 컴퓨터 바이러스가 유행이다.

❸ 그 영화배우는 항간에 떠도는 소문에 대해 ( )을/를 통해 자신의 심경을 밝혔다.

❹ 새 대통령은 ( )을/를 통해 새 외교 정책을 발표했다.

❺ ( )을/를 통해 섬과 육지가 연결되어 있다.

❻ 이 맛집은 여러 ( )을/를 통해 잘 알려진 집이다.

4. 관계있는 것을 연결하고 맞는 상황을 찾아 '-을 통해'를 사용해 문장을 완성하십시오.

❶ 홈페이지 •	• 관측되다
❷ 시와 그림 •	• 신청하다
❸ 인공위성 •	• 문화사를 고찰하다
❹ 추첨 •	• 해결의 실마리가 보이다
❺ 다양한 독서 •	• 놀이 공원 무료입장권을 주다
❻ 중재 •	• 사고의 폭을 넓힐 수 있다

❶ 이번 결식아동 돕기에 참여하실 분은 홈페이지를 통해 신청해 주십시오.

❷ 설문 조사에 응해주신 분께는 ____________________.

❸ 파국으로 치닫던 양국 관계는 제 3국의 ____________________.

❹ 그 책의 특징은 ____________________.

❺ 구름의 움직임 등은 ____________________.

❻ ____________________기 때문에 독서를 장려하고 있다.

YONSEI KOREAN WORKBOOK 5

−음으로써

5. 다음 [보기]에서 알맞은 표현을 골라 '−음으로써'를 사용해 대화를 완성하십시오.

[보기]	
여러 나라가 협력하다	인건비가 싼 지역으로 공장을 이전하다
전문 인력을 양성하다	식생활을 개선하다
사용하지 않는 전기 플러그를 뽑다	절충안을 양쪽이 수용하다

❶ 가 : 전 세계적 문제인 환경 문제를 어떻게 해결할 수 있을까요?
나 : 여러 나라가 협력함으로써~~음으로써/ㅁ으로써~~ 해결할 수 있어요.

❷ 가 : 전기를 절약할 수 있는 좋은 방법이 있을까요?
나 : ________________ 음으로써/ㅁ으로써
전체 전기 요금의 11%를 절약할 수 있다고 합니다.

❸ 가 : 그 나라는 로봇 산업 분야의 경쟁력을 어떻게 확보했대요?
나 : ________________ 음으로써/ㅁ으로써
________________.

❹ 가 : 그 두 나라 사이에 FTA 협정 체결이 난항을 겪고 있었는데, 어떻게 체결이 됐지요?
나 : ________________ 음으로써/ㅁ으로써
________________.

❺ 가 : 그 회사는 어떻게 생산비를 절감했대요?
나 : ________________
________________.

❻ 가 : 저는 알레르기가 심한 체질인데요. 이런 체질을 개선할 수 있는 방법이 있을까요?
나 : ________________.

6. 관계있는 것을 연결하고 맞는 상황을 찾아 '–음으로써'를 사용해 문장을 완성하십시오.

❶ 온 국민이 힘을 모으다 •	• 홍수에 의한 재난을 줄일 수 있다
❷ 그 분이 장기 기증을 하다 •	• 경제 위기를 극복했다
❸ 산에 나무를 많이 심다 •	• 건강하게 여름을 날 수 있다
❹ 교통 시스템을 개선하다 •	• 고장에 의한 사고를 방지할 수 있다
❺ 영양을 보충해 주다 •	• 교통 체증을 줄일 수 있다
❻ 자동차를 미리 점검하다 •	• 여러 사람이 새 인생을 살 수 있게 되었다

❶ 그 나라는 온 국민이 힘을 모음으로써 경제 위기를 극복했어요.

❷ 상습적 정체 구간에서는 ______________________________

______________________________.

❸ 여행을 떠나기 전에 ______________________________

______________________________.

❹ 평소보다 더 많은 열량을 소비하는 여름에는 ______________________________

______________________________.

❺ 교통사고로 사망한 ______________________________

______________________________.

❻ ______________________________

______________________________.

10과 3항

읽고 쓰기

※ 다음 글을 읽고 질문에 답하십시오.

새로운 여행 가이드북이 나왔다. 그런데 책을 아무리 뒤적여도 유명 관광지, 맛있는 음식점, 기차 시간표가 하나도 안 보인다. 대신 책을 넘길 때마다 히말라야 포터를 돕는 여행, 호텔 노동자들의 인권을 보호하는 여행, 자유와 정의를 위한 여행, 숲을 지키는 여행, 동물을 돌보는 여행 같은 다양한 사례와 정보가 펼쳐진다. 여행에서 만나는 이들의 삶과 문화를 존중하고, 여행에서 쓰는 돈으로 그들의 삶에 보탬이 되고, 그곳의 자연을 지켜주는 여행. 새로운 여행의 트렌드인 '공정여행'에 대한 안내서다.

지난 50년 동안 세계 인구가 두 배로 늘어나는 사이 해외여행 인구는 무려 36배로 늘었다. 2007년 한 해 동안 9억 3백만 명이 해외로 여행을 했고, 관광산업은 세계 GDP의 10.3%를 차지하는 거대한 산업으로 성장했다. 1989년 해외여행 자유화 이후 해외여행 인구가 가파르게 증가한 우리나라 또한 세계 여행 시장에서 막강한 위치를 차지하게 되었다. 2007년 한 해 동안 우리나라 인구의 25%에 이르는 1,300만 명이 해외로 나갔고, 한국 관광객의 지출 규모는 세계 10위를 기록했다.

그렇다면 이렇게 많은 사람들이 해외로 나가면서 현지에 나쁜 영향을 끼치고 있지는 않을까? 우리의 편안하고 즐거운 휴식 뒤에 남겨지는 것은 무엇일까? 어마어마한 관광수입은 누구에게 돌아가고 있을까?

한 사람이 여행할 때, 하루 평균 3.5kg의 쓰레기를 남기고 남부 아프리카인보다 30배 많은 전기를 쓰고, 인도 고아의 오성급 호텔 하나가 인근 다섯 마을이 쓸 물을 소비하고 있었다. 아름다운 호텔 뒤편 세탁실에는 점심시간 '10분' 외에는 종일 서서 다림질을 하는 여성이 있었고, 해변에 리조트가 들어서면서 아름다운 바다의 풍경을 어지럽힌다는 이유로 고기잡이를 할 수 없게 된 어부들이 있었고, 사파리 관광 리조트에 조상 대대로 살아오던 땅을 빼앗기고 강제 이주 당한 소수 부족들이 있었다. 관광 개발은 장밋빛 미래를 약속했지만 그들은 여전히 가난하고, 숲은 파괴되었고, 바다와 땅을 잃은 이들은 호텔의 일용직 청소부, 짐꾼, 웨이터가 되었다.

이제 우리 사회에서 여행은 새로운 코드로 자리 잡고 있다. 단순히 여유 있는 사람들의 휴식과 오락의 방법이 아니라, 언론과 미디어를 통한 간접 경험을 넘어 개인이 세계를 만나는 직접적 경험으로, 젊은이들이 세상을 배우는 교육의 장으로, 봉사하고 실천하는 나눔의 장으로 여행의 의미는 확장되고 있다. 깊은 경험의 여행, 배움의 여행, 나눔의 여행을 원하는 이들에게 공정여행 가이드북은 보다 깊은 정보에 대한 목마름을 달래는 작은 샘물이 될 것이다.

1. 위 글에서 말하는 여행의 의미는 무엇입니까?

2. 위 글의 내용과 같은 것은 무엇입니까? (   )

❶ 지난 50년 동안 한국의 해외여행 인구는 36배로 늘었다.

❷ 이 책은 여행지의 문화를 존중하고 그곳의 자연을 지켜주는 여행 방법을 소개하고 있다.

❸ 이 책에는 유명한 관광지, 맛있는 음식점에 대한 소개도 충실하게 나와 있다.

❹ 관광 개발 덕분에 그 지역 주민들은 빈곤에서 벗어났다.

3. 다음은 공정 여행 수칙의 일부입니다. 이를 참고로 여러분의 공정 여행 수칙을 쓰십시오.

1. 지구를 돌보는 여행자가 되자
   - 비행기 이용 줄이기, 1회 용품 쓰지 않기
2. 지역에 도움이 되는 소비를 하자
   - 현지인이 운영하는 숙소, 음식점, 여행사, 교통 이용하기
3. 기부를 하자
   - 여행 경비의 1%는 현지의 사회단체에 기부하기
4. 부당한 일에 목소리를 내자
   - 동물 학대, 인권 유린 등 부당한 일을 목격한다면 시정 요청하기

나의 공정 여행 수칙

1. ....

2. ....

3. ....

4. ....

5. ....

듣고 말하기

CD: 10

※ 다음은 지역사회의 뉴스를 전하는 TV 프로그램의 일부입니다. 듣고 질문에 답하십시오.

1. 다음 (　　　)에 들어갈 말은 무엇입니까?

한밭 레츠와 과천 어울림 품앗이는 노동과 물품 등을 서로 제공하는 (　　　　　　　　) 제도이며 이때 (　　　　　　　　)을/를 주고받는다.

2. 들은 내용과 <u>다른</u> 것은 무엇입니까? (　　　)

❶ 이런 품앗이는 지역 공동체 활성화에 기여한다.
❷ 현금과 두루를 같이 사용할 경우 두루를 절반 이상 사용해야 한다.
❸ 품앗이를 통해 능력을 인정받는 느낌을 경험하기도 한다.
❹ 품앗이 거래를 통해 이웃과 새로운 관계를 만들기도 한다.

3. 다음은 품앗이 모임의 회원들이 주고 싶은 목록 중 일부입니다. 여러분은 어떤 것을 제공하고 싶습니까? 이야기해 봅시다.

- 아이 돌보기
- 스파게티 소스
- 팥빙수 팥
- 자장면
- 장 봐주기
- 택배 받아주기
- 컴퓨터 교육
- 책 읽어주기
- 뜨개질
- 다도 가르치기
- PC 관리
- 청소
- 산행 도우미
- 디자인
- 여행 함께하기
- 자전거 타는 법 가르치기
- 요가 가르치기

기말 복습문제(6과 - 10과)

어휘

Ⅰ. 다음 [보기]에서 알맞은 단어를 골라 빈 칸에 쓰십시오. (한 번만 사용하십시오)

[보기]	공연	고령화	여백	문상	고인	사교육
	협력	훼손	보존	조의	개량	열의

1. 상가에 (　　　　)을/를 가면 유족들에게 "(　　　　)의 명복을 빕니다"라고 말하면서 (　　　　)을/를 표해야 해요.
2. 한국의 산수화를 보면 (　　　　)의 미가 느껴져요.
3. 입시를 위해 학원이나 과외 같은 (　　　　)에 의존하는 학생이 많아요.
4. 환경 문제를 해결하기 위해 여러 나라들이 (　　　　) 하고 있다.
5. 전통 문화를 (　　　　)할 것이냐 현대화할 것이냐를 놓고 토론을 벌였어요.
6. 활동하기 편하게 (　　　　)한 생활 한복을 입는 사람이 늘고 있어요.
7. 이번 연극 (　　　　)은/는 배우들의 연기가 아주 훌륭했어요.
8. (　　　　) 사회로 접어들면서 평생교육에 대한 관심이 더욱 높아지고 있어요.
9. 악성 댓글로 인해 명예가 (　　　　)된 그 가수는 댓글을 쓴 사람들을 고소했다.
10. 수십 명의 연구원과 기술진들이 사생활을 포기할 정도로 한국형 우주 발사체를 개발하려는 (　　　　)이/가 대단하다.

Ⅱ. 다음 [보기]에서 알맞은 단어를 골라 빈 칸에 쓰십시오. (한 번만 사용하십시오.)

[보기]	지니다	부정하다	형용하다	희생하다	씨름하다
	풍부하다	계발하다	우아하다	넘보다	추모하다
	물려주다	기부하다	흩어지다		

1. 해외여행을 갈 때 현금을 많이 (　　　　)고 다니는 건 위험하다.
2. 현충일은 나라를 위해서 (　　　　)는/은/ㄴ 분들을 (　　　　)는/은/ㄴ 날이다.
3. 어린이들의 소질을 (　　　　)기 위해서는 조기교육이 필요하다.

YONSEI KOREAN WORKBOOK 5

4. 더위와 ( )어야/아야/여야 하는 여름철은 정말 힘들어요.

5. 외국어 공부를 할 때 문법이 중요하다는 건 ( )을/ㄹ 수 없는 사실이다.

6. 디카급 성능의 폰카가 디지털 카메라 시장을 ( )고 있다.

7. 어려운 이웃을 위해 소액이라도 ( )는/은/ㄴ 사람이 늘어나고 있다.

8. 그 작가는 어린 시절부터 상상력이 ( )었다고/았다고/였다고 한다.

9. 백제의 미술품은 고구려와 신라에 비해 ( )고 세련됐다는 평가를 받는다.

10. 그 할머니는 평생 간직해 오던 금가락지를 며느리에게 ( )었다/았다/였다.

11. 바람이 불자 벚꽃이 사방으로 ( )어졌다/아졌다/여졌다.

12. ( )기 어려울 만큼 수려한 경치가 눈앞에 펼쳐졌다.

Ⅲ-1. 빈 칸에 들어갈 적당한 단어를 고르십시오.

1. 텔레비전 공개쇼 프로그램에 나온 그 가수는 열창을 해서 ( )들로부터 환호와 박수에다가 꽃다발까지 받았다.

❶ 청중 ❷ 관객 ❸ 방청객 ❹ 시청자

2. 시어머니의 회갑연을 ( )기 위해 월차를 냈다.

❶ 지내다 ❷ 치르다 ❸ 올리다 ❹ 빌다

3. 호남 지방의 폭설 예보를 접한 부모님은 아들 형제가 있는 서울에서 차례를 지내기로 하고 기차편으로 ( )하였다.

❶ 귀성 ❷ 역귀성 ❸ 귀향 ❹ 귀가

4. 교육과학기술부는 ( )의 질을 향상시키기 위해 교사 교육을 강화하기로 했다.

❶ 공교육 ❷ 사교육 ❸ 평생교육 ❹ 조기교육

5. 전쟁으로 인해 발생한 ( )을/를 돕기 위해 구조 활동이 벌어지고 있다.

❶ 난민 ❷ 재난 ❸ 빈민 ❹ 재해

Ⅲ-2. 빈 칸에 들어갈 단어로 맞지 않는 것을 고르십시오.

1. 화성이 수십억 년 전에 죽은 (　　　)는/은/ㄴ 돌덩이로 이루어졌다고 보는 설이 있었다.
❶ 수려한　　❷ 거친　　❸ 황량한　　❹ 메마른

2. 전국의 입담꾼들이 참가한 팔도 사투리 대회는 매우 (　　　)었다/았다/였다.
❶ 해학적이다　　❷ 익살스럽다　　❸ 흥겹다　　❹ 정적이다

3. 그 끝을 알 수 없으리만치 광활한 (　　　)이/가 펼쳐져 있다.
❶ 사막　　❷ 산맥　　❸ 온천　　❹ 대륙

4. 구청 복지관이나 평생 교육 센터, (　　　) 등에서 평생 교육을 받을 수 있다.
❶ 백화점 문화센터　　❷ 원격 교육
❸ 대학 부설 사회교육원　　❹ 시립 도서관 평생 교육 센터

5. 우리 교회에서는 (　　　)에게 무료 급식 봉사를 실시했다.
❶ 독거노인　　❷ 노숙자　　❸ 저소득층 자녀　　❹ 기아

Ⅳ. 밑줄 친 단어의 쓰임이 맞지 않는 것을 고르십시오.

1. (　　)
❶ 그 퓨전 음식은 지금까지 맛볼 수 없었던 **색다른** 맛이었다.
❷ 그 그림은 **색다른** 화법으로 그려져 많은 사람의 눈길을 끌었다.
❸ 은은한 달빛 아래서 본 꽃들은 낮과는 달리 **색다른** 느낌을 주었다.
❹ 남다른 환경에서 자라서 그런지 그 사람의 성격은 매우 **색다르다**.

2. (　　)
❶ 노점상들이 좌판을 **벌이고** 물건을 팔고 있다.
❷ 경로당에서 노인들을 위해 잔치를 **벌였다**.
❸ 축제 기간 동안 여기저기서 술판이 **벌어졌다**.
❹ 많은 사람 앞에서 두 사람의 결혼식을 **벌였다**.

3. (　　)

❶ 우리학교는 신촌에 **자리잡고** 있다.

❷ 불교가 한국의 종교로 **자리잡게** 된 게 언제부터인가?

❸ 책 위에 먼지가 두껍게 **자리잡고** 있다.

❹ 대학로는 젊은이들에게 인기 있는 공간으로 **자리잡았다**.

4. (　　)

❶ 새 대통령은 국민들에게 **다가서기** 위해서 많은 노력을 하고 있다.

❷ 우주선 발사에 성공함으로써 우주 강국 건설이라는 꿈에 한발 **다가섰다**.

❸ 마음을 열고 상대방에게 **다가서** 보세요.

❹ 그 두 건물은 서로 **다가서** 있다.

5. (　　)

❶ 입시 위주의 교육으로 정서가 **메마른** 청소년들이 많아지고 있다.

❷ 날씨가 매우 건조하다 보니 피부가 **메말랐다**.

❸ 오랜 가뭄으로 땅이 **메말라** 여기저기 갈라졌다.

❹ 햇볕이 쨍쨍해서 빨래가 빨리 **메말랐다**.

6. (　　)

❶ 교통사고로 생사를 **넘나들던** 그 환자는 결국 사망했다.

❷ 그 학자는 여러 분야를 **넘나들며** 연구를 하고 있다.

❸ 할 일이 너무 많아서 청소와 설거지를 **넘나들며** 일을 했다.

❹ 그 도시에는 국경을 **넘나들며** 장사를 하는 상인들이 많다.

7. (　　)

❶ 벌판에는 벌써 여러 들꽃들이 **어우러져** 피어 있었다.

❷ 연고전이 끝나고 나서 두 학교 학생들이 **어우러져서** 흥겹게 놀았다

❸ 오늘 처음 만난 두 아이가 잘 **어우러져서** 놀고 있다.

❹ 그 음식은 여러 가지 맛이 **어우러져서** 아주 독특한 맛을 냈다.

8. (　　)

❶ 김 과장은 상사들로부터 실력을 **인정받고** 있다.

❷ 국제 영화제에서 수상을 함으로써 김 감독은 세계적으로 **인정받게** 되었다.

❸ 그 사람은 자신의 잘못을 **인정하고** 사과했다.

❹ 나이가 아직 어려서 여행을 가려면 부모님의 **인정**을 받아야 한다.

9. (　　)

❶ 오늘 국무 회의에서는 물가 안정 대책을 안건으로 **다루었다**.

❷ 이렇게 어려운 때일수록 마음을 잘 **다루세요**.

❸ 아이들을 너무 엄격하게 **다루면** 오히려 역효과가 날 수 있다.

❹ 저 선수는 공을 자유자재로 **다루는군요!**

10. (　　)

❶ 음료수 없이 빵만 먹기가 **빡빡하다**.

❷ 냉동실에 너무 오래 넣어 놨더니 아이스크림이 **빡빡해졌어요**.

❸ 여행 일정이 너무 **빡빡해서** 몹시 피곤했다.

❹ 남편 월급만으로는 월세와 아이들 학원비 내기에도 **빡빡하다**.

V. 다음 단어 중 3개 이상의 단어를 사용하여 문장이나 짧은 이야기를 만드십시오.

1. [보기] 생명력　　대중화　　신명나다　　들썩거리다　　역동적이다

....

....

....

2. [보기] 저출산　　고학력 현상　　1인 가구　　비동거 가족　　맞벌이

....

....

....

3. [보기] 평균 수명　　노후생활　　삶의 질　　고령화 사회　　끊임없이

....

....

....

4. [보기] 이상 기후 온실 효과 지구온난화 오염 물질 자연 개발

....

....

....

5. [보기] 더불어 봉사 기부 기증 후원

....

....

....

문법

I. 대화를 완성하십시오.

1. 가 : 그 사람은 너무 우유부단해서 그런지 결정하는 데 시간이 너무 많이 걸려요.
   나 : .... 는다고도/ㄴ다고도/다고도 할 수 있어요.

2. 가 : 새 팀장님과 일해 보니까 어때요?
   나 : .... 는/은/ㄴ 듯싶어요.

3. 가 : 영수 씨는 왜 주변 사람들로부터 따돌림을 당하는 거예요?
   나 : .... 다 보니 그로 인해 ....

4. 가 : 와, 잘 하시네요. 운동에 소질이 있나 봐요.
   나 : .... 는다기보다/ㄴ다기보다/다기보다 ....

5. 가 : 왜 시험공부를 카페에서 하세요?
   나 : .... 자니 .... 고 .... 자니 .... 고 해서
   ....

6. 가 : 회사일 때문에 스페인어를 배워야 한다면서? 어느 학원에서 배우기로 했어?
   나 : 너무 바빠서 학원에 갈 시간이 없어. 그래서 .... 이라도/라도
   .... 을까/ㄹ까 봐.

7. 가 : 제 실수로 일어난 일인데 무릎이라도 꿇고 빌어야겠지요?
나 : ______________ 을/ㄹ 것까지는 없겠지만 ______________.

8. 가 : 요즘 어떻게 지내세요?
나 : ______________ 으랴/랴 ______________ 으랴/랴 ______________.

9. 가 : 새로 개발된 암 치료제는 효과가 아주 좋다면서요?
나 : ______________ 는/은/ㄴ 만큼 ______________.

10. 가 : 그 소식을 어디서 들으셨어요?
나 : ______________ 을/를 통해 ______________.

Ⅱ. 밑줄 친 문법의 쓰임이 맞지 않는 것을 고르십시오.

1. (　　)
❶ 요즘 경제가 나쁘니 어쩌니 해도 공항은 해외로 여행가는 사람들로 북적대요.
❷ 환경 문제가 심각하니 어쩌니 해도 환경 문제에 신경 쓰는 사람이 많아요.
❸ 인성 교육이 중요하니 어쩌니 해도 입시 경쟁이 있는 한 인성 교육은 어려울 것 같다.
❹ 세계 초일류기업이니 뭐니 해도 나는 그 회사에 들어가고 싶지 않아요.

2. (　　)
❶ 대인 관계가 원만한데 일을 잘한들 무슨 소용이 있겠어요?
❷ 자동차가 없는데 운전면허증을 딴들 무슨 소용이 있겠어요?
❸ 빈부 격차 문제가 심각한데 경제가 발전한들 무슨 소용이 있겠어?
❹ 품질이 안 좋은데 값이 싼들 팔리겠어요?

3. (　　)
❶ 요즘 같아선 취직 시험 볼 기회조차 얻기 어려워요.
❷ 마음 같아선 직접 생일상을 차려주고 싶었지만 시간이 없어서 외식을 했어요.
❸ 욕심 같아선 네 명쯤 낳아서 잘 기르고 싶은데...
❹ 부장님의 잔소리를 듣고 기분 같아선 회사를 그만두고 싶어서 사표를 냈어요.

4. (　　　)

❶ 커피를 **마시지 않고서는** 밤을 새울 수 없어요.

❷ 날씨가 너무 더워서 에어컨이 **켜지지 않고서는** 잠을 잘 수가 없어요.

❸ 논문을 **제출하지 않고서는** 졸업을 할 수 없어요.

❹ 서로 **양보하지 않고서는** 갈등을 해결할 수 없어요.

5. (　　　)

❶ 덮어놓고 화를 **낼 게 아니라** 문제의 원인을 찾았어요.

❷ 일회용 컵을 **사용할 게 아니라** 환경을 위해 머그컵을 사용합시다.

❸ 제품의 품질 향상에만 신경 **쓸 게 아니라** 디자인에도 신경을 쓰세요.

❹ 아이들 장난감을 일일이 다 **살 게 아니라** 대여해서 사용하는 게 어때요?

Ⅲ. 다음 문법 중 하나를 사용하여 밑줄 친 부분을 다시 쓰십시오.

[보기] –으리라　　–을 수 없으리만치　　–다시피 하다　　–을 줄만 알았지　　–음으로써

1.

남북 이산가족 상봉단의 일원으로 60년 만에 고향 땅을 밟았다. **죽기 전에 반드시 가 보겠다고 생각했던 고향을 방문하니 꿈만 같았다.**

....

....

2.

왕재수 씨는 회사 동료들로부터 기피 대상 1호이다. **언제나 자신의 주장을 내세우기만 하고 다른 사람의 의견은 들을 줄 모른다.**

....

....

3. 산업화가 급속히 진행되면서 사람들의 생활이 편리해지고 있다. **하지만 이로 인해 지구 온난화, 자원 고갈, 생물 다양성 파괴, 사막화 등 셀 수 없을 정도로 많은 부작용이 파생되고 있다.**

4. 소수가 다주택을 보유하는 것을 억제하고 서민들의 '내집장만'을 지원하기 위해 정부가 새로운 부동산 대책을 발표했다. **이 대책에 따른 세제(세금제도) 강화의 영향으로 부동산 거래가 거의 끊겼다.**

5. 2005년 국내 최초로 연세대 세브란스 병원에서는 최첨단 수술용 로봇 '다빈치'를 사용하기 시작했다. **로봇을 수술에 이용해서 수술의 정확도가 높아졌고 절개 부위가 작아 환자의 통증이 적고 회복도 빨라졌다.**

부록

–듣기 지문
–모범 답안

듣기 지문

6과 3항 CD: 06

사 회 자 : 오늘은 국악 평론가이신 윤해금 선생님을 모시고 한국 전통 예술의 현대화가 가지는 의미에 대해서 이야기를 나누고자 합니다. 안녕하세요?

국악평론가 : 안녕하세요.

사 회 자 : 요즈음 나타나고 있는 전통 예술의 변화는 신선한 충격을 주고 있는데요. 예를 들면 가야금 연주에 맞춰 춤을 추는 비보이들의 공연이나 서양 음악을 기반으로 하거나 양악기를 이용하는 퓨전 국악, 또 전통 무용을 현대적 감각으로 재창조한 작품들이 있습니다. 이러한 작품들을 어떻게 보십니까?

국악평론가 : 최근 국립국악원은 퓨전 국악에 대해 유연한 자세를 취하고 있습니다. 지난 해부터 국악 대중화를 실현하기 위해 다양한 공연들을 기획해 왔을 뿐만 아니라 퓨전 국악을 비롯한 모든 실험적 음악들을 적극 지원하고 있습니다. 저는 개인적으로 동양이냐 서양이냐 하는 구분보다는 대중에게 감동을 주느냐의 여부가 더 중요하다고 봅니다. 서로 다를 것 같은 두 음악 사이에 구심점을 만들어 현대인에게 정착시키면 이런 음악도 나중에는 다시 전통 음악이 되는 것입니다. 우리의 것을 기반으로 새로운 음악, 세계적 음악을 만들어야 합니다. 그렇기 때문에 퓨전 국악은 창조와 확산을 통해 현대에 맞는 새로운 국악을 만들어 내는 효과적인 수단입니다.
또한 퓨전국악은 국악 문외한들이 국악에 관심을 갖고 더 잘 이해할 수 있게 도와줍니다. 청소년들에게 어려운 고전 문학을 무작정 읽히는 것보다 만화를 이용하여 호기심을 자극하고 이해의 폭을 조금씩 넓혀가는 것과 비슷하다고 볼 수 있겠지요. 그래서 저는 전통 국악과 퓨전 국악을 상호 보완적인 관계로 봅니다. 퓨전 국악은 전통 국악의 효자 노릇을 톡톡히 하고 있습니다.

7과 3항 CD: 07

경기도 파주에 사는 조민주 씨 다섯 식구는 성이 제각각이다. 엄마는 조씨, 지금 남편과의 사이에서 태어난 막내딸은 김씨, 아들과 큰 딸은 친부의 성을 따른 신씨다.

조 씨네처럼 재혼으로 결합한 부부와, 성이 다른 자녀로 구성된 가족을 사회학자들은 '패치워크(patchwork) 가족'이라 부른다. 패치워크는 자투리 조각보를 이어 만드는 수공예 제품을 말한다. 색깔도 모양도 다른 조각보가 하나로 연결되듯 다양한 구성원이 모여 가족을 만들었다는 의미다.

전통적인 가족 관념에서 패치워크 가족은 '비정상적 예외'로 간주됐다. 하지만 이젠 비정상도 예외도 아니고, 본인들이 쉬쉬하며 숨기지도 않는다. 이혼과 재혼이 급증하면서 패치워크 가족은 주변에서 종종 볼 수 있는 가족 유형이 됐다.

패치워크 가족뿐만이 아니다. 싱글맘 · 싱글대디 가족 비율은 1990년 7.8%에서 2007년엔 8.6%로 늘었고, 자녀 없는 부부만의 가족은 8.3%에서 14.6%로, 1인 가족은 9.0%에서 20.1%로 급증 추세다. 반면 전통적인 가족 형태인 부부와 자녀로 구성된 가족은 51.9%에서 42.0%로 줄었다.

과거엔 생각도 못한 전혀 새로운 가족 형태도 등장했다. 혈연관계가 섞이지 않은 '공동체 가족'이며, 떨어져 살지만 정서적 연대를 유지하는 '원(遠)거리 가족', 출신 국적이 다른 '다문화가족', 심지어 동성애 커플이나 사이버 세계에서 결혼생활을 하는 '사이버 가족'도 속속 탄생하고 있다.

한국여성정책연구원 장혜경 박사는 가족이 혈연만으로 맺어지는 시대는 갔다고 말한다. '혈연' 중심에서 '관계' 중심으로, '혈연 공동체'에서 '정서(情緖) 공동체'로 가족의 본질이 바뀌고 있다는 것이다.

8과 3항 CD: 08

1990년대 중반을 지나면서 학교 안팎에서 학교 도서관에 대한 논의가 활발해졌다. 뜻있는 교사들은 학교 도서관을 기반으로 여러 가지 활동을 모색했으며 시민 단체에서는 독서 운동 차원에서 학교 도서관이라는 구체적 방법을 주목했다. 이런 에너지가 모여 마침내 2000년에는 학교 도서관 문제를 사회적으로 제기하는 시민 단체가 결성된다.

'학교 도서관 살리기 국민연대'는 교육 당국을 움직여 유사 이래 처음으로 전국적 차원의 학교 도서관 사업을 입안한다. 그 결과 2003년에서 2007년까지 3,000억 원의 예산을 들여 전국 학교 도서관 가운데 70퍼센트 가량을 리모델링하고 개선하는 '좋은 학교 도서관 만들기 사업'을 시행한다.

이런 과정을 통해 수십 년간 잠들어 있던 학교 도서관은 잠에서 깨어나 교육 현장에 많은 변화를 가져왔다. 충북 옥천의 한 초등학교에서는 지역 주민들이 발 벗고 나서서 도서관을 살리고 지역의 문화센터로 키웠다. 돈을 모으고 책을 모으고 일손을 모아 만든 도서관에서 아이들과 지역민이 책을 읽고 다양한 문화 자원을 이용했다. 그뿐 아니라 도서관을 활성화하고 이용하고 운영하는 과정에 주민 자치의 경험을 축적했고, 주민들의 삶이 풍요로워졌다. 이들은 도서관으로 인해 지역 교육 공동체가 되살아난다면 농촌도 희망이 있다고 자신 있게 이야기한다. 문화적으로 소외된 시골 마을의 지역공동체가 학교 도서관 덕분에 건강해진 사례다.

강원도 홍천의 한 중학교는 2005년 12월 마을 주민과 지역 인사들을 초대하여 한바탕 축제로 도서관 개관식을 했다. 이 학교는 지속적인 독서 프로그램을 펼치고 학생들의 도서관 이용과 책 읽기를 자극하기 위해 다양한 행사를 개최했다. 담당 교사는 누가 강제하지 않아도 매일 스스로 책을 읽으며 아침을 여는 모습, 사고력과 발표력이 눈에 띄게 향상된 아이들의 모습을 통해 '교육 공동체의 희망'을 보았다고 말했다.

학교 도서관은 학부모와 지역이 건강한 교육 공동체를 위해 어떻게 참여하고 협력할지 좋은 방법을 가르쳐준다. 그리하여 학생과 학생, 교사와 학생, 교사와 교사, 학교와 지역이 서로 소통하고 교류하는 문화적 변화를 경험하게 해 준다.

9과 3항 CD: 09

사무국장(남) : 오전에 제주의 들판에 빠져 사색에 잠겼다면, 오후는 제주의 바당에 녹아 황홀함을 만끽할 차례입니다. 여기서부터는 절벽이 병풍을 두른 듯 장관이 펼쳐지는 놀라운 해안길이 이어집니다. 자, 이제 해안길을 함께 걸어 볼까요? 저를 따라오세요.

리포터(여) : 해안길요? 그럼 신발을 벗어 들고 걸어야겠네요.

사무국장 : 아닙니다. 해안길이라고 해서 실크처럼 곱디고운 백사장을 상상하면 안 됩니다.

리 포 터 : 와~. 시청자 여러분도 보이시죠? 절벽이 병풍처럼 이어져 있네요. 그리고 바닥엔 울퉁불퉁 까만색 현무암들이 다양한 모습으로 누워 있고요. 어? 그런데 저기 물이 고여 있는 곳은 뭐예요?

듣기 지문

사무국장 : 화산이 만들어 놓은 돌 도구리입니다. 돌 도구리는 돌이나 나무를 파서 만든 제주의 생활도구를 말합니다. 모양이 비슷해서 붙인 이름이지요. 돌 도구리 안을 보세요. 세차게 부는 바람 덕에 물결이 파도치는 도구리 안이 마치 작은 세상 같지 않습니까?

리 포 터 : 정말 멋지네요.

사무국장 : 다음엔 '새가 많은 절벽'이라는 뜻의 '생이기정' 바당길로 가는데요. 이제 마음의 준비를 단단히 하세요. 이 '생이기정' 바당길은 제주 토박이들도 입을 다물지 못하는 길이거든요. 자, 여기부터입니다.

리 포 터 : 와–. 정말 말로 형용할 수가 없네요. 한쪽으로는 푸른 평원이 춤을 추고, 한쪽으로는 바닷물이 절벽에 부딪쳐 생기는 물보라가 마치 하얀 레이스처럼 펼쳐져 있네요.

사무국장 : 정말 아름답지요? 와랑와랑한 햇살이 비치는 날도, 잿빛이 하늘을 뒤덮는 날도 나름의 찬란한 아름다움을 만날 수 있는 절정의 길입니다.

리 포 터 : 그런데 도대체 어떻게 이런 길을 발견하신 거예요?

사무국장 : 천운이에요. 길을 만들어 가는데 2% 부족한 것 같더라고요. 그래서 한번은 가던 방향과 반대로 가봤어요. 그랬더니 이런 환상적인 길이 보이더군요. 길도 인생도 똑바로 가는 것만이 정답이 아니라는 걸 다시 한 번 깨달았죠.

10과 3항 CD: 10

'품앗이'란 힘든 일을 서로 서로 도와주는 것으로서 여기에는 한국의 전통적인 상부상조 정신이 잘 나타나 있습니다. 요즘 이 품앗이의 개념을 되살린 현대판 품앗이 제도가 등장했습니다. 대전의 '한밭 레츠'와 과천 지역의 '어울림 품앗이' 인데요. 한밭 레츠는 자신이 보유한 노동이나 물품을 필요로 하는 다른 사람에게 제공하고 자기 자신도 다른 사람으로부터 제공받을 수 있는 '다자간 품앗이' 제도입니다. 1999년 70명의 회원으로 시작한 한밭 레츠는 현재 620명의 회원으로 구성되어 있으며 연간 1만건 이상의 품앗이를 통해 지역 공동체 활성화에 이바지하고 있습니다.

두루는 모든 물품이나 서비스를 주고받는 과정에서 현금 대신 사용되는 공동체 화폐의 이름으로 '두루두루' 또는 '널리'라는 뜻을 가지고 있습니다. 1,000두루는 1,000원과 같습니다. 현금과 두루를 같이 사용할 경우 전체 가격의 20–30%이상을 두루로 거래함을 원칙으로 하고 초창기에는 실제로 두루 화폐가 사용되었으나 현재는 회원의 계좌를 통해서 거래 내역을 기록하고 있습니다.

과천 지역의 '어울림 품앗이' 역시 '함께하는 생활 속 나눔, 지역의 자립경제'를 꿈꾸며 2006년 5월에 시작된 '다자간 품앗이' 제도입니다. 어울림 품앗이는 현금이 없이도 다양한 형태의 노동력이나 기술, 전문지식, 재화 등을 지역 화폐로 주고받습니다.

품앗이 회원인 송은희 씨는 다음과 같이 품앗이 가입 동기를 말합니다.

"모든 것을 돈의 가치로만 판단하는 사회적인 분위기와 달리 지역 화폐는 개인의 소중한 능력을 인정해준다는 느낌이 들었어요. 제가 가지고 있는 작은 능력을 다른 분들과 재미있게 나누는 일을 하고 싶어요. 저는 반찬과 떡, 과자 만들기와 아이 돌보기를 제공한다고 했는데요. 이 일을 좀 더 책임감 있게 전문적으로 하고 싶은 욕심이 있어요. 어울림 품앗이를 통해서 더 많은 사람들과 어울리고 싶기도 하고요."

이곳에서는 자기가 원하는 것을 이웃과 품을 나눔으로써 주고받습니다. 거래를 통해서 이웃을 만나고 새로운 관계를 만들기도 합니다. 서로 돕고 신명나게 어울려 사는 나눔 공동체와 함께 하려는 사람, 생활 속에서 나눔의 만남을 실천하고자 하는 사람이라면 누구나 언제든지 대환영입니다.

모범 답안

제5과 생활과 경제

5과 1항

1. 늘어났다, 보상해, 표가 안 나, 확연히, 소비자 보호원, 피해를 입은, 손해배상, 고발할
2. ❶ 고객 상담실, 접수, 무상수리 ❷ 판매자/판매처, 반품, 교환, 환불 ❸ 소비자, 청구, 신고, 보상
3. ❷ 적들에게 둘러싸여 있어서 후퇴할래야 후퇴할 ❸ 통신이 끊겨서 연락할래야 연락할 ❹ 총알도 다 떨어져서 공격할래야 공격할 ❺ 건빵에 곰팡이가 피어서 먹을래야 먹을 ❻ 다리를 심하게 다쳐서 뛸래야 뛸
4. ❷ 너무 시끄러워서 들을래야 들을 ❸ 너무 시어서 먹을래야 먹을 ❹ 너무 힘들어서 더 갈래야 갈 ❺ 너무 비싸서 살래야 살 ❻ 아팠던 기억들이 너무 생생해서 잊을래야 잊을
5. ❷ 말도 안 되는 핑계여서 소비자 보호원에 신고할까 ❸ 너무 불편해서 경찰에 고발할까 ❹ 아주 작은 흠집이라서 다른 제품으로 교환할까 ❺ 너무 마음에 드는 제품이어서 판매처에 반품할까 ❻ 증상이 아주 심하지는 않아서 손해배상을 청구할까
6. ❷ 너무 비싸서 살까 ❸ 환율이 너무 올라서 갈까 ❹ 요즘 이상한 전화가 많이 와서 받을까 ❺ 몸이 너무 안 좋아서 당분간 휴직할까 ❻ 시내에 볼일이 있는데 나갈까

5과 2항

1. 투기, 한탕해서, 욕심을 부리, 무작정, 안목
2. 〈재테크 방법〉 ❷ 예금 ❸ 직접투자 ❹ 간접투자 ❺ 분산투자
   〈투자 대상〉 ❷ 주식 ❸ 미술품 ❹ 금 ❺ 부동산
   ❶ 수익률 ❷ 환율, 금리, 이자 ❸ 분양가, 매매가, 전세가, 부동산 가격
3. ❷ 좀 안다고 잘난 체하면 사람들이 싫어할 거예요. ❸ 취업을 준비한다고 실용적인 것만 공부한다면 전공을 깊이 있게 공부하지 못합니다. ❹ 너무 덥다고 찬 것만 먹는다면 배탈이 나기 쉽지요.
   ❺ 물가가 오른다고 사재기를 한다면 품귀현상으로 가격이 더 오르게 됩니다. ❻ 사회분위기를 어지럽힌다고 집회의 자유를 제한한다면 국민의 기본권을 침해하게 될 거예요.
4. ❷ 공부하기 힘들다고 대학진학을 포기해서야 되겠어요? ❸ 배가 고프다고 너무 급하게 먹으면 체해요. ❹ 단속 카메라가 없다고 속도위반을 하면 안 되지. ❺ 엄마 잔소리가 듣기 싫다고 가출해서야 되겠어? ❻ 많은 사람들이 지지한다고 그 후보의 정책도 잘 모른 채 무작정 찍으면 안 되지요.
5. ❷ 조금 위험하더라도 보다 적극적으로 투자하는 자세가 필요합니다. ❸ 주가가 올라가는 것처럼 보이더라도 언제 곤두박질칠지 모르므로 조심해야 합니다. ❹ 상황이 어렵더라도 조금만 견디면 다시 투자의 기회가 찾아올 것입니다. ❺ 피하고 싶더라도 위기 극복을 위해서는 현실을 직시해야 합니다. ❻ 삶이 그대를 속이더라도 슬퍼하거나 노여워하지 말라.
6. ❷ 화가 나더라도 부하에게 소리 지르지 마세요. ❸ 목표를 이루는 것이 힘들더라도 절대 포기하지 마세요. ❹ 당신이 세상을 떠나더라도 난 당신을 절대로 못 잊을 거예요. ❺ 아무리 비싸더라도 건강을 생각한다면 유기농 채소를 먹는 게 훨씬 좋지요. ❻ 이번 맞선이 잘 안 되더라도 실망하지 마세요. 언젠가 어울리는 짝이 꼭 나타날 거예요.

5과 3항

읽고 말하기

1. ❸, ❹ 2. ❸

듣고 쓰기

1. ❷ 2. ❸

중간복습문제 (1과~5과)

어휘

1. 1) 단축 2) 여가 3) 당장 4) 혜택 5) 소신 6) 보람 7) 부작용 8) 안목 9) 이치 10) 불치병 11) 가치관
2. 1) 활용하 2) 뚫 3) 알차 4) 처리하는 5) 조합해서 6) 챙긴다 7) 거르는, 때우는 8) 친근한 9) 접하 10) 한탕하 11) 시달리 12) 고려해야 13) 일쑤입니다.

3-1. 1) ❹ 2) ❷ 3) ❸ 4) ❸ 5) ❶

3-2. 1) ❸ 2) ❷ 3) ❶ 4) ❷ 5) ❸

4. 1) ❸ 2) ❸ 3) ❷ 4) ❹ 5) ❶ 6) ❷ 7) ❸ 8) ❹ 9) ❶ 10) ❷

5. 1) 직장인에게 재충전을 위한 여가활동은 매우 중요하다. 주5일근무제가 본격적으로 도입된 지 벌써 5년이 흘렀다. 그러나 아직 여가와 여가 활용에 대한 인식은 많이 부족한 듯하다.
2) 생명공학기술의 발달로 난치병 예방 및 치료, 장기 복제에 의한 장기 이식이 가능해짐으로써 인간 수명이 연장될 전망이다.
3) 대형할인점 H 플러스가 가전 전문매장을 갖춘 동대문점을 오픈한다. 이번 주말까지 방문하여 제품을 구매하고 설문에 응하는 고객에게는 유명호텔 숙박권을 사은품으로 증정한다.
4) 연세건설이 능력 있고 열정을 가진 글로벌 인재를 모집한다. 최종 인터뷰 과정을 통과하여 입사 하게 되면 연수 과정을 거친 후 해외 지사로 파견을 나가게 된다.
5) 경기 침체기에 기업은 투자를 줄이고 시장에는 돈이 돌지 않는다. 뿐만 아니라 부동산 가격과 주가도 계속 떨어진다.

문법

1. 1) 재미도 있거니와 영화 삽입곡들도 좋다더라.
2) 싸이클에다가 마라톤까지 해야 한대요.
3) 영수가 그렇게 화를 낼
4) 실험이 거듭될수록 성공률이 높아지고는 있지만 아직 완성되려면 시간이 더 필요할 것 같아요.
5) 시간이 있을 때 만들어야 꼼꼼하게 만들 수 있
6) 경기가 안 좋긴 안 좋은가 봐.
7) 생선회가 정말 신선하
8) 노력을 멈추지 않는 한 언젠가는 원하는 일이 이루어질 거야.
9) 친절도 하구려.
10) 동문회관 식당에서 저녁식사를 하는 게 어떤가?, 칸막이를 해 달라고 하면 되, 그럼, 거기에서 하는 것으로 결정하, 동창 모임에서 친구들한테 자네가 얘기하

2. 1) ❸ 2) ❹ 3) ❸ 4) ❷ 5) ❹

3. 1) 좋은 이야기가 나올 법한 곳이면 아무리 바쁜 경우라 하더라도 가고, 그렇지 않을 것 같으면 비록 성찬이 기다리고 있는 경우라 하더라도 안 가기로 한다.
2) 뛰어넘을까 말까 망설이는 것 같았다.
3) 초보자들은 그립을 가볍게 잡을래야 잡을 수가 없습니다. 왜냐하면 손의 악력이 발달되지 않았기 때문입니다.
4) 그러므로 한 사람이 2-3개에 가입했다고 병원비를 2-3배 받는 것은 아닙니다.
5) "지난주에 공식 홈페이지를 통해 조기종영이 없음을 공고했음에도 불구하고 불과 일주일 만에 일방적인 약속 파기로 시청자를 우롱했다"고 비난했다.

제6과 대중문화와 예술

6과 1항

1. 지니, 자리 잡았다고, 기획, 다루, 색다른, 흥미롭, 눈길을 끌어서, 넘나들, 생명력

2. ❶ 각색, 독자, 관객 ❷ 방송, 시청자, 방청객, 제작 ❸ 연출, 청중, 공연 ❹ 감독

3. ❷ 사회 개혁에 대한 열망을 보여 준다고도 ❸ 냉정형이라고도 ❹ 안정형이라고도 ❺ 탄탄한 이야기 전개 때문이라고도 ❻ 사회에 대한 풍자 때문이라고도

4. ❷ 독재적인 성향이 강하다고도 할 수 있다. ❸ 생활이 편리해졌다고도 할 수 있 ❹ 해킹으로 인한 피해가 우려된다고도 할 수 있다. ❺ 국제 금융 환경의 악화 때문이라고도 할 수 있 ❻ 시기를 놓친 잘못된 경제 정책에서 비롯됐다고도 할 수 있다.

5. ❷ 이제 세계 선수권 대회에서도 충분히 입상할 수 있을 ❸ 개그맨을 해도 될 ❹ 상태가 안 좋으신 ❺ 정말 골프가 대중화된 듯싶어요. ❻ 요즘 작가들은 독자에게 다가서기 위해 많이 노력하는 듯싶어요.

6. ❷ 당선될 ❸ 어디 출장 간(회사를 그만둔, 어디 아픈) ❹ 나를 좋아하는(뭔가 오해가 있는) ❺ 고집이 센(성격에 문제가 있는) ❻ 홍보가 부족한(아직 과도기인)

모범 답안

6과 2항

1. ❷ 역동적이에요. ❸ 어우러져서 ❹ 들썩거렸다. ❺ 보존해서 ❻ 다가서 ❼ 개량 ❽ 대중화 ❾ 여 백 ❿ 신명나는 곡선미
2. ❷ 화관무 ❸ 사물놀이 ❹ 청자 ❺ 가야금 ❻ 서예 ❼ 살풀이춤 ❽ 산수화 ❾ 탈춤 ❿ 판소리 풍속화 승무 풍물
   ❷ 투박한 ❸ 우아했다. ❹ 흥겹 ❺ 정적인 ❻ 동적이다 ❼ 익살스러웠다. ❽ 수수한
3. ❷ 결혼 상대자를 고를 때 조건이 중요하니 어쩌니 해도 사랑이 제일 중요해. ❸ 경제 성장을 위한 개발이니 뭐니 해도 환경을 보호해야 인류의 미래가 있지. ❹ 국가와 사회에 대한 책임감이 있어야 하니 어쩌니 해도 개인의 가치가 최우선적으로 존중되어야 해요. ❺ 돈을 차곡차곡 모으는 게 의미가 있니 어쩌니 해도 인생은 한방이야. ❻ 타인을 배려해야 하니 어쩌니 해도 나만 편하게 살면 그만이야.
4. ❷ 미신이니 뭐니 해도 시험을 잘 보라고 수험생에게 엿을 선물한답니다. ❸ 군대 생활이 힘드니 어쩌니 해도 저는 군대 생활이 보람이 있었어요. ❹ (인터넷 쇼핑몰이) 편리하니 어쩌니 해도 저는 직접 가서 보고 사야 안심이 돼요. ❺ 출산 장려 정책을 펴니 어쩌니 해도 교육비 때문에 사람들이 아이를 낳지 않아서 저출산 문제가 점점 더 심각해지는 것 같아요. ❻ 기름값이 비싸니 어쩌니 해도 여전히 혼자 차를 타고 다니는 사람들이 많은 것 같아요.
5. ❷ 대규모 공적 자금을 투여한들 경기가 살아나 ❸ 보상을 받은들 마음이 풀리 ❹ 실력이 월등한들 이길 수 있겠어? ❺ 그렇게 탄압을 받으니 종교인인들 가만히 있을 수 있겠어? ❻ 과학과 의학이 발전한들 인간이 더 행복해지겠어?
6. ❷ 지금 담배를 끊은들 무슨 소용이 있 ❸ 사과한들 다시 사이가 좋아지 ❹ 지금 후회한들 무슨 소용이 있겠어? ❺ 분양가를 인하한들 아파트가 팔리겠어? ❻ 다른 사람들이 모두 가서 부탁해도 안 되는데 네가 가서 부탁한들 되겠어?

6과 3항

읽고 말하기

1. ❹ 2. ❸

듣고 쓰기

1. ❶ 2. ❶

한자성어 연습 1

1. 속수무책이었지만 2. 시기상조인 3. 무위도식 4. 과대망상 5. 견물생심이라고 6. 동분서주 7. 금시초문이야 8. 무용지물이 9. 반신반의 10. 심사숙고

제7과 전통과 변화

7과 1항

1. ❷ 부정할, 부정한다 ❸ 저출산 ❹ 인정했다, 인정하 ❺ 귀성
2. <주민등록 관련> ❷ 세대주 ❸ 동거인 ❹ 세대원
   <가족 형태> ❷ 대안가족 ❸ 비동거가족 ❹ 핵가족 ❺ 편부모가족 ❻ 노인가족
   산업화, 남녀평등, 맞벌이, 여성의 사회진출, 고령화 사회, 고학력 현상, 이혼율 증가, 가정폭력, 가족해체
3. ❷ 육체적으로 힘들었다기보다는 정신적으로 힘들었습니다. ❸ 스포츠 경기를 본다기보다는 마치 한편의 예술작품을 보는 듯합니다. ❹ 특별한 비결이 있다기보다는 그동안 연습해온 모든 기량을 보이려 노력하는 것뿐이에요. ❺ 음악에 대한 감수성이 천부적으로 뛰어나다기보다는 제가 느낀 음악을 제 연기 속에 녹여내어 최대한으로 표현하고자 할 뿐이에요. ❻ 좋아한다기보다는 제 운명처럼 느끼고 있습니다.
4. ❷ 무뚝뚝하다기보다는 사교적인 성격이 아니라서 그래요. ❸ 잘생겼다기보다는 개성 있게 생겼지요. ❹ 선생님이라기보다는 이웃집 언니 같아요. ❺ 마음이 아프다기보다는 인생이 참으로 무상함을 느꼈다네. ❻ 완전히 낫는다기보다는 감기증상을 완화시켜 주는 역할을 하지요.

5. ❷ 자는 애를 깨우자니 마음이 아프고 자게 그냥 두자니 경쟁에서 뒤처질까봐 불안하고 해서 아침마다 힘들어 죽겠어요. ❸ 직접 모유수유를 하자니 번거롭고 분유를 먹이자니 아기 건강에 안 좋을 것 같고 해서 우유병에 모유를 넣어 냉동시킨 후 먹이고 있어요. ❹ 혼수를 많이 하자니 경제적으로 부담되고 아예 안 하자니 시댁에서 서운해하실 것 같고 해서 꼭 필요한 것 위주로 간소하게 했습니다. ❺ 올리자니 판매율이 떨어질 것 같고 안 올리자니 올라가는 제조비 부담을 감당할 수 없고 해서 고민입니다. ❻ 초콜릿을 사자니 너무 상술에 놀아나는 것 같고 그냥 지나치자니 남자친구가 서운해할 것 같고 해서 집에서 직접 만들었어.

6. ❷ 집에만 있자니 심심하고 근교로 나가자니 교통체증으로 고생할 것 같 ❸ 계속 공부하자니 유학비가 부담스럽고 귀국하자니 그동안 공부한 것이 아깝 ❹ 연애를 하자니 제대로 된 남자를 만날 기회가 별로 없고 선을 보자니 너무 부담스럽 ❺ 팔아버리자니 그동안 들인 노력이 아깝고 계속 가지고 있자니 더 떨어질 것 같 ❻ 장관을 해임시키자니 마땅한 후임자가 없고 그대로 두자니 국민들의 반대 여론이 심하

7과 2항

1. ❷ 고인 ❸ 빽빽해서 ❹ 빈소 ❺ 생전 ❻ 문상 ❼ 명복 ❽ 초상 ❾ 묵념 ❿ 조문객 ⓫ 조의 ⓬ 장지

2. 장래를 축복해, 결혼식을 올리, 백년해로를 빌어, 회갑연을 벌입니다, 장수를 축하하, 장례식을 치르, 명복을 빌어, 제사를 지내요, 조상을 추모하

3. ❷ 여자 친구하고 도망이라도 가고 싶어. ❸ 상을 확 엎어버리고 싶네. ❹ 배가 터지도록 계속해서 먹고 싶어요. ❺ 앞차를 확 받아버리고 싶다. ❻ 다 포기하고 절에라도 들어가고 싶은 심정이야.

4. ❷ 요즘 같아선 사업을 그만두고 멀리 도망치고 싶은 심정이에요. ❸ 욕심 같아선 박사과정까지 마치고 돌아오고 싶어요. ❹ 성질 같아선 컴퓨터를 확 부숴버리고 싶더라. ❺ 기분 같아선 돈도 내고 싶지 않더라고. ❻ 마음 같아선 그 사람을 따라가고 싶었어.

5. ❷ 다시 새로 쓸 것까지는 없겠지만 부족한 내용을 보충하여 좀 수정하면 좋겠네. ❸ 원어민 수준으로 할 것까지는 없겠지만 기본적인 일상 회화 정도는 배우고 가는 게 좋을 거야. ❹ 졸업을 미루고 취업준비를 할 것까지는 없겠지만 학기 중에 전공공부 외에 취업준비도 틈틈이 하면 많은 도움이 될 거야. ❺ 몸에 해로울 것까지는 없겠지만 뭐든 너무 지나친 것은 좋지 않을 것 같아. ❻ 다 집에서 만들 것까지는 없겠지만 최대한 정성스럽게 준비하는 게 좋겠지요.

6. ❷ 꼭 특급호텔에서 할 것까지는 없겠지만 깨끗하고 조용한 곳에서 하면 좋겠지요. ❸ 그렇게 모든 촬영을 다 할 것까지는 없겠지만 아름다운 모습이 남을 수 있도록 스튜디오 촬영정도는 하는 게 좋아요. ❹ 그렇게 모든 보석을 다 사 줄 것까지는 없겠지만 다이아몬드, 진주 정도는 세트로 해 주면 여자들이 좋아하지요. ❺ 그렇게 다 맞출 것까지는 없겠지만 한복 한 벌 정도는 맞추는 게 좋아요. ❻ 무조건 신랑이 다 부담할 것까지는 없겠지만 호텔비와 비행기 값 정도는 남자가 부담하면 여자들이 좋아해요.

7과 3항

읽고 쓰기

1. ❷ 2. 한국인의 삶에 맞게 토착화되었기 때문이다.

듣고 말하기

1. ❷ 2. 패치워크가족, 원거리가족, 사이버가족

한자성어 연습 2

11. 양자택일 12. 이구동성으로 13. 일구이언 14. 오십보백보야 15. 일편단심은 16. 어부지리로 17. 애지중지, 애지중지 18. 일사천리로 19. 의기양양 20. 포복절도

제8과 삶과 배움

8과 1항

1. ❷ 씨름했다 ❸ 인적자원 ❹ 치열해졌다 ❺ 풍부해서 ❻ 희생했다 ❼ 제대로 ❽ 예의범절 ❾ 대입

2. ❷ 특목고 ❸ 인문계 고등학교 ❹ 의무교육 ❺ 실업계

모범 답안

고등학교 ❻ 영재 교육 ❼ 예체능 교육 ❽ 조기 교육 ❾ 논술학원 ❿ 보습학원

3. ❷ 주문 받으랴 배달하랴 몸이 두 개라도 모자랄 지경이에요. ❸ 학교 알아보랴 비자 신청하랴 정신없이 바빴어요. ❹ 강의 들으랴 공책에 적으랴 정신없었어요. ❺ 음식 준비하랴 손님 맞으랴 쉴 틈이 없어요. ❻ 회의 준비하랴 보고서 쓰랴 점심 먹을 시간도 없었다.

4. ❷ 아이 등교시키랴 출근 준비하랴 정신이 없어요. ❸ 유권자들과 일일이 악수하랴 지역 주민들의 고충을 들으랴 쉴 틈이 없어요. ❹ 응급실 환자 돌보랴 선생님 도와 수술하랴 몸이 두 개라도 모자랄 지경이에요. ❺ 출연자 섭외하랴 행사 홍보하랴 정신없이 바빠요. ❻ 취재하랴 선배 기자들 원고 교정하랴 정신없이 바빠요.

5. ❷ 시험이 너무 어렵다 보니 그로 인해 학생들의 성적이 전반적으로 많이 떨어졌다. ❸ 제대로 식사를 못하다 보니 그로 인해 위장병이 생겼다. ❹ 대기오염이 심하다 보니 그로 인해 호흡기 질환자가 늘어났다. ❺ 도시화가 가속화되다 보니 그로 인해 농촌이 공동화되는 현상이 나타났다. ❻ 무리하게 정책을 추진하다 보니 그로 인해 정부 여당에 대한 반발이 거세게 일어났다.

6. ❷ 파업이 장기화되다 보니 그로 인해 막대한 손실이 발생했대요. ❸ 취업난이 지속되다 보니 그로 인해 대학을 오래 다니는 학생들이 많아졌어요. ❹ 두 나라가 군비 경쟁을 오래 하다 보니 그로 인해 경제 파탄의 위기에 직면하게 됐대요. ❺ 클래식 음악을 다룬 드라마가 인기를 끌다 보니 그로 인해 오케스트라 동호회가 늘어났대요. ❻ 가뭄이 오래 지속되다 보니 그로 인해 식수난이 심 각해졌대요.

8과 2항

1. ❷ 노후생활 ❸ 계발 ❹ 평균수명 ❺ 끊임없이 ❻ 삶의 질

2. ❷ 기초 및 교양 교육 ❸ 여가 교육 ❹ 생활 교육
❶ 면대면 교육 ❷ 디지털대학교/사이버 대학교 ❸ 방송통신대학교 ❹ 대학 부설 사회교육원/평생 교육원 ❺ 백화점 문화센터 ❻ 지역 평생학습관 ❼ 구청 복지관 ❽ 시립 도서관 평생교육센터

3. ❷ 경력에 도움이 되는 좋은 기회인 ❸ 열의가 대단한 ❹ 죄질이 나쁜 ❺ 인기 있는 강좌는 빨리 마감되는 만큼 ❻ 위험 부담이 있는 만큼

4. ❷ 양국 간 군사적 긴장이 완화되고 있는 만큼 점진적으로 평화 체제로 전환될 것으로 예상됩니다. ❸ 뛰어난 연기력을 보인 만큼 수상이 기대됩니다. ❹ 증거를 충분히 확보한 만큼 승소할 자신이 있습니다. ❺ 선거가 공정하게 치러진 만큼 공정성 시비는 없을 것으로 보입니다. ❻ 상황이 긴박한 만큼 시급히 대책을 내 놓도록 하겠습니다.

5. ❷ 선거제도를 바꾸지 않고서는 정치 개혁을 제대로 할 수 없어요. ❸ 실적을 올리지 않고서는 이번에 승진할 수 없어요. ❹ 국가 간 협조 체제를 갖추지 않고서는 지금의 세계적인 금융 위기를 극복할 수 없어요. ❺ 품종개량을 하지 않고서는 식량 부족 문제를 해결할 수 없어요. ❻ 이산화탄소 배출을 규제하지 않고서는 환경 문제를 개선할 수 없어요.

6. ❷ 정밀 검사를 하지 않고서는 정확한 진단이 어렵습니다. ❸ 자기 계발을 계속 하지 않고서는 경쟁력을 갖출 수 없으니까요. ❹ 다른 사람을 배려하지 않고서는 원만한 대인 관계를 유지할 수 없어요. ❺ 상호 신뢰가 회복되지 않고서는 남북 관계가 개선되기 어려워요. ❻ 고위 공직자들이 재산을 공개하지 않고서는 공직자 윤리를 바로 세우기 어렵지.

8과 3항

읽고 쓰기

1. ❶ 2. 강학청, 시강원/강서원

듣고 말하기

1. ❷ 2. ❶

관용어 연습 3

21. 가치를 치 22. 발을 맞춰 23. 걸음마 단계 24. 기를 죽이, 기가 죽 25. 거울삼아, 거울삼아서 26. 등을 돌리 27. 값을 치르려고, 값을 치러야 28. 고개를 돌리 29. 무릎을

꿇어야, 무릎을 꿇 30. 발목을 잡혔다, 발목을 잡

제9과 자연과 환경

9과 1항

1. 태초, 산세, 솟아, 눈에 선하다, 경이로운, 압도당했다, 위용, 풍모, 넘볼, 보잘 것 없음을, 유유히, 흩어지, 반하, 정기, 만끽하
2. ❶ 대륙, 산맥, 광활하 ❷ 육지, 들판, 수려한, 펼쳐지는, 장엄한 ❸ 황량하, 사막, 샘 ❹ 동굴, 화산, 폭발하면서, 생겼다고 ❺ 거친, 대양, 빙하 ❻ 호수, 폭포, 떨어지, 온천
3. ❷ 고향에 꼭 돌아가리라 이야기하시던 부모님의 유골을 고향에 묻어드렸어요. ❸ 꼭 만나리라 생각하던 작은 아버님과 사촌들을 만나서 너무 기뻤습니다. ❹ 언젠가 꼭 찾아보리라 생각하던 어릴 적 소꿉친구를 만났어요. ❺ 고향에 가서 꼭 먹어보리라 생각하던 냉면, 만두 등을 실컷 먹었습니 다. ❻ 다시 한 번 가보리라 생각하던 고향 근처의 바닷가에 꼭 가보고 싶습니다.
4. ❷ 고국의 팬들에게 보여 드리리라 이야기하던 베토벤 피아노 소나타 전곡 연주회를 마치게 되어 너무나 기쁩니다. ❸ 언젠가 뛰어넘으리라 말하던 9.5초의 벽을 깨다니 믿어지지 않습니다. ❹ 반드시 최고의 자리에 올라가리라 생각하던 제 꿈은 이뤄졌지만 책임감에 어깨가 무겁습니다. ❺ 기필코 사리라 생각하던 꿈의 스포츠카를 사게 되어 너무 즐겁습니다. ❻ 언젠가 정복하리라 말하던 전 세계를 제패하게 되어 가슴이 벅차오릅니다.
5. ❷ 감히 바라볼 수 없으리만치 ❸ 잠을 이룰 수 없으리만치 ❹ 한 치 눈앞을 가늠할 수 없으리만치 ❺ 일일이 열거할 수 없으리만치 ❻ 뭐라고 말할 수 없으리만치
6. ❷ 영화의 마지막 장면이 잊을 수 없으리만치 감동적이고 인상적이었다. ❸ 6월의 베트남은 참을 수 없으리만치 덥고 축축한 날씨가 계속되었다. ❹ 비행기의 창밖은 믿을 수 없으리만치 아름다운 광경이 펼쳐지고 있었다. ❺ '사이코'란 보통사람들이 이해할 수 없으리만치 이상한 행동을 보이는 사람을 말한다. ❻ 조선시대의 기생은 오늘날의 연예인과 비교할 수 없으리만치 풍부한 학식과 예술적 재능을 지녔다.

9과 2항

1. ❷ 분리 ❸ 무분별하 ❹ 훼손 ❺ 수거 ❻ 터전 ❼ 물려 ❽ 근시안적인
2. ❷ 폐수 ❸ 배기가스/매연 ❹ 일회용품 ❺ 폐기물 ❻ 오염물질
❷ 수질오염 ❸ 토양오염 ❹ 소음공해 ❺ 오존층 파괴 ❻ 온실효과 ❼ 지구온난화 ❽ 해수면 상승 ❾ 이상기후 ❿ 산성비
❷ 개발을 규제하는 ❸ 대체에너지를 개발하 ❹ 재활용할
3. ❷ 열심히 공부할 줄만 알았지 친구들과 같이 어울려 놀 줄 몰라. ❸ 남편에게 바가지를 긁을 줄만 알았지 남편을 따뜻하게 감싸줄 줄 몰라. ❹ 자신의 행복을 위해 꿈꿀 줄만 알았지 어떤 것도 실천에 옮길 줄 몰라. ❺ 자기에게 유리한 기회를 이용할 줄만 알았지 의리와 신의를 지킬 줄 몰라. ❻ 환경을 개발할 줄만 알았지 무엇이 진짜 인간과 환경을 위한 것인 줄은 몰라.
4. ❷ 그 사람은 원래부터 자기 얘기를 할 줄만 알았지 남의 얘기는 전혀 듣지 않는 사람이에요. ❸ 맞아요, 사랑을 받을 줄만 알았지 부모님의 깊은 마음을 헤아릴 줄은 모르지요. ❹ 국민들을 정치적으로 이용할 줄만 알았지 진정으로 국민을 위할 줄은 몰라요. ❺ 취직공부 할 줄만 알았지 꿈을 실현하기 위해 노력할 줄은 모르는 것 같아요. ❻ 부모들이 아이들을 학원에 보낼 줄만 알았지 진짜 아이들을 위하는 것이 무엇인지는 모르는 것 같아요.
5. ❷ 높은 이상만 추구할 게 아니라 자신이 처한 현실도 고려해야 합니다. ❸ 무조건 안 된다고 생각할 게 아니라 긍정적인 마음가짐을 가져 보세요. ❹ 사회적 지위의 높이만 생각할 게 아니라 자신의 행복의 깊이를 생각해야 해요. ❺ 실수하는 것을 두려워할 게 아니라 실수에서도 배울 수 있다는 자세를 가져야 해.

모범 답안

❻ 자기나라의 문화만 옳다고 고집할 게 아니라 다른 나라의 다양한 문화도 인정해야지요.

6. ❷ 그냥 버릴 게 아니라 된장찌개 끓이는 데 이용해 보세요. ❸ 무조건 화내실 게 아니라 제 얘기도 좀 들어 보세요. ❹ 무조건 참을 게 아니라 부당한 대우에는 솔직하게 불만을 이야기하세요. ❺ 좋은 제도라도 급하게 실시할 게 아니라 시민들의 의견을 충분히 수렴한 후 실시하는 게 어떨까요? ❻ 상처가 된다고 그냥 넘어갈 게 아니라 끝까지 진실을 밝혀야 합니다.

9과 3항

읽고 말하기

1. ❹ 2. ❹

듣고 쓰기

1. ❶ 2. 절벽, 현무암 해안길, 돌 도구리, 푸른 평원, 바다 풍경, 생이기정

관용어 연습 4

31. 손이 많이 가는, 손이 많이 간다. 32. 얼굴 깎이는 33. 손발, 맞아요, 손발이 맞 34. 빛을 보는, 빛을 볼 35. 뿌리 뽑는, 뿌리 뽑 36. 시치미를 떼면, 시치미를 떼 37. 입을 모아 38. 마침표를 찍 39. 배가 부른, 배가 불러요 40. 찬물을 끼얹었다.

제10과 개인과 공동체

10과 1항

1. 봉사활동, 기부하는, 결식아동, 십시일반, 수재의연금, 재단, 후원하는

2. ❷ 노숙자, 무료진료소, 의료봉사 ❸ 교육 봉사 ❹ 아동보호시설, 보육원, 물품기증 ❺ 소년소녀가장 ❻ 장애인시설, 장애인 ❼ 독거노인, 무료급식 ❽ 양로원, 노력봉사 ❾ 영세민, 결혼 이민여성 ❿ 입양단체, 기부 쉼터 헌혈, 장기기증 이주 노동자

3. ❷ 폐허가 되 ❸ 부동산 거래가 거의 끊기 ❹ 백지화되 ❺ 방치하 ❻ 교통이 마비되다시피 했다.

4. ❷ 매일 만나 ❸ 폐인이 되 ❹ 모든 상을 휩쓸 ❺ 독점하 ❻ 숨어살

5. ❷ 인터넷으로 요약본이라도 볼까 ❸ 입석표라도 구입할까 ❹ 교외에 가서 바람이라도 쐬고 올까 ❺ 산책이라도 할까 ❻ 소액이라도 기부할까

6. ❷ 문자로라도 축하 메시지를 보낼까 봐. ❸ 이메일이나 전화로라도 인터뷰를 할까 봐. ❹ 동생에게라도 같이 가자고 할까 봐. ❺ 길거리에서라도 공연을 할까 봐. ❻ 싼값에라도 팔까 봐.

10과 2항

1. ❷ 견문 ❸ 증진 ❹ 설립 ❺ 협력

2. ❷ 유니세프, 산하기구, 구호 ❸ 코이카, 재난, 지원 ❹ 굿네이버스, 기아, 빈민 ❺ 적십자사 ❻ 국경없는 의사회, 재해, 난민, 구조 ❼ 보건, 위생, 의료 ❽ 식량 ❾ NGO(비정부조직), NPO(비영리 단체)

3. ❷ 이메일 ❸ 미니홈피 ❹ 라디오 연설 ❺ 해저터널 ❻ 대중매체

4. ❷ 추첨을 통해 놀이 공원 무료입장권을 드립니다. ❸ 중재를 통해 해결의 실마리가 보이고 있다. ❹ 시와 그림을 통해 문화사를 고찰하는 것이다. ❺ 인공위성을 통해 관측된다. ❻ 다양한 독서를 통해 사고의 폭을 넓힐 수 있

5. ❷ 사용하지 않는 전기 플러그를 뽑음으로써 ❸ 전문 인력을 양성함으로써 경쟁력을 확보했대요. ❹ 절충안을 양쪽이 수용함으로써 협정이 체결됐어요. ❺ 인건비가 싼 지역으로 공장을 이전함으로써 생산비를 절감했대요. ❻ 식생활을 개선함으로써 체질을 개선할 수 있어요.

6. ❷ 교통 시스템을 개선함으로써 교통 체증을 줄일 수 있다. ❸ 자동차를 미리 점검함으로써 고장에 의한 사고를 방지할 수 있다. ❹ 영양을 보충해 줌으로써 건강하게 여름을 날 수 있다. ❺ 그 분이 장기 기증을 함으로써 여러 사람이 새 인생을 살 수 있게 되었다. ❻ 산에 나무를 많이 심음으로써 홍수에 의한 재난을 줄일 수 있다.

10과 3항

읽고 쓰기

1. 여행은 단순히 여유 있는 사람들의 휴식과 오락의 방법이 아니라 개인이 세계를 만나는 직접적 경험이며, 젊은이들이 세상을 배우는 교육의 장이고, 봉사하고 실천하는 나눔의 장이다.(여행에서 만나는 이들의 삶과 문화를 존중하고, 여행에서 쓰는 돈으로 그들의 삶에 보탬이 되고, 그곳의 자연을 지켜주는 것이 여행이다.)
2. ❷

듣고 말하기

1. 다자간 품앗이, 지역 화폐(공동 화폐) 2. ❷

기말복습문제 (6과~10과)

어휘

1. 1) 문상, 고인, 조의 2) 여백 3) 사교육 4) 협력 5) 보존 6) 개량 7) 공연 8) 고령화 9) 훼손 10) 열의
2. 1) 지니 2) 희생한, 추모하는 3) 계발하 4) 씨름해야 5) 부정할 6) 넘보 7) 기부하는 8) 풍부했다고 9) 우아하 10) 물려줬다 11) 흩어졌다 12) 형용하

3-1. 1) ❸ 2) ❷ 3) ❷ 4) ❶ 5) ❶

3-2. 1) ❶ 2) ❹ 3) ❸ 4) ❷ 5) ❹

4. 1) ❹ 2) ❹ 3) ❸ 4) ❹ 5) ❹ 6) ❸ 7) ❸ 8) ❹ 9) ❷ 10) ❷

5. 1) 전통 음악을 대중화한 퓨전 국악을 들었는데 너무 신명나서 어깨가 저절로 들썩거렸다.
2) 최근 들어 결혼을 하지 않고 혼자 사는 1인 가구나 비동거 가족이 점차 늘어나는 추세이다. 비동거 가족의 예로는 주말 부부로 지내야 하는 맞벌이 부부, 자녀의 조기 유학 등으로 인해 떨어져 사는 가족 등이 있다.
3) 평균 수명이 늘어나면서 노후생활을 위한 대책이 중요한 문제로 떠올랐다. 고령화 사회에서 노인들이 삶의 질을 유지하기 위해서는 젊은 시절부터 미리미리 준비해야 하기 때문이다.
4) 무분별한 자연 개발과 오염 물질 배출 등으로 인해 환경 파괴 문제가 점점 심각해지고 있다. 또한 온실 효과로 인한 지구온난화의 결과 세계 곳곳에서 이상 기후 현상이 나타나고 있다. 이러한 문제를 시급히 해결하기 위해 국가 간 협력이 필요하다.
5) 봉사 활동이나 소액 기부 등. 작은 실천을 통해 더불어 사는 사회를 만들고자 노력하는 사람들이 많아지고 있다.

문법

1. 1) 신중하다고도
2) 유능하긴 한데 좀 독선적인
3) 말을 너무 함부로 하다 보니 그로 인해 따돌림을 당하는 것 같아요.
4) 소질이 있다기보다는 운동을 좋아하니까 자주 해서 잘하게 된 것 같아요.
5) 도서관에서 하자니 자리가 없고 집에서 하자니 집중이 안 되고(자꾸 텔레비전을 보고) 해서 카페에서 해요.
6) 인터넷으로라도 공부를 할까
7) 무릎을 꿇고 빌 것까지는 없겠지만 진심어린 사과는 해야겠지요.
8) 좌담회 준비하랴 기말시험 공부하랴 정신없이 바빠요.
9) 효과가 좋은 만큼 가격이 비싸요.
10) 친구를 통해 들었어요.

2. 1) ❷ 2) ❶ 3) ❹ 4) ❷ 5) ❶

3. 1) 죽기 전에 반드시 가 보리라 생각했던 고향을 방문하니 꿈만 같았다.
2) 언제나 자신의 주장을 내세울 줄만 알았지 다른 사람의 의견은 들을 줄 모른다.
3) 하지만 이로 인해 지구온난화, 자원 고갈, 생물 다양성 파괴, 사막화 등 셀 수 없으리만치 많은 부작용이 파생되고 있다.
4) 이 대책에 따른 세제(세금제도) 강화의 영향으로 부동산 거래가 거의 끊기다시피 했다.
5) 로봇을 수술에 이용함으로써 수술의 정확도가 높아졌고 절개 부위가 작아 환자의 통증이 적고 회복도 빨라졌다.

지문출처

과	통합 과제	지 문 출 처
1과 3항	읽고 말하기	서진우 기자, 매일경제, 2006. 3. 9
	듣고 쓰기	'이재성(2009), 「글쓰기를 위한 4천만의 국어책」, 들녘, 5~7쪽'에서 발췌, 가공
2과 3항	읽고 쓰기	안철수(2001), 「CEO 안철수, 영혼의 승부」, 김영사, 137~138쪽
	듣고 말하기	'조세미(2005), 「세계는 지금 이런 인재를 원한다」, 해냄, 182~187쪽'에서 발췌, 가공
3과 3항	읽고 말하기	'이동연(2005), 「문화 부족의 사회: 히피에서 폐인까지」, 책세상, 74쪽'에서 참조 및 발췌 '최혜실(2006), 「문화 콘텐츠, 스토리텔링을 만나다」, 삼성경제연구소, 69쪽' 참조
	듣고 쓰기	'김민주(2008), 「2008 트렌드 키워드」, 미래의 창, 221~223쪽'에서 발췌, 가공
4과 3항	읽고 말하기	'김기봉(2007), 「29개의 키워드로 읽는 한국문화의 지형도」, 한국출판마케팅연구소, 250~258쪽'에서 발췌, 가공
	듣고 쓰기	'MBC 심야스페셜 391회'에서 발췌
5과 3항	읽고 말하기	'유강문(1996) 색깔, 새로운 산업혁명, 한겨레21 125호, 62~70쪽'에서 발췌, 가공
	듣고 쓰기	'구정화(2009), 「퍼센트 경제학」, 해냄, 42~44쪽'에서 발췌, 가공
6과 3항	읽고 말하기	'이동연(2005), 「문화 부족의 사회: 히피에서 폐인까지」, 217~223쪽' 참조 및 일부 발췌 '박재환, 일상성 · 일상생활 연구회(2004), 「현대 한국 사회의 일상문화코드」, 한울아카데미, 235~244쪽' 참조
7과 3항	읽고 쓰기	'서윤영(2003), 「세상에서 가장 아름다운 집」,궁리, 143~156쪽'에서 발췌, 가공
	듣고 말하기	조선일보 2009.7.25
8과 3항	읽고 쓰기	'〈전통과 현대〉창간호, 158~161쪽'에서 발췌
	듣고 말하기	'김기봉(2007), 「29개의 키워드로 읽는 한국문화의 지형도」, 한국출판마케팅연구소, 300~308쪽'에서 발췌, 가공
9과 3항	읽고 말하기	조선일보 2009.2.26
	듣고 쓰기	'채지형(2009), [LEISURE/채지형의 On the Road], 〈주간동아〉 680호, 92~93쪽'에서 발췌, 가공
10과 3항	읽고 쓰기	'임영신 · 이혜영(2009), 「희망을 여행하라」'에 대한 '인터파크' 사이트의 책 소개 참조
	듣고 말하기	과천마을신문 2006. 6. 20 한국경제신문 2009. 5. 22